Von Wünschen, Träumen, Affirmationen …

„Antwort von oben"

Jutta Krüger

Von Wünschen, Träumen, Affirmationen …

„Antwort von oben"

Bibliografische Information Der Deutschen Bibliothek:
Die Deutsche Bibliothek verzeichnet diese Publikation in der
Deutschen Nationalbibliografie; detaillierte bibliografische Daten
sind im Internet über http://dnb.ddb.de abrufbar.

Impressum:

© 2008 Jutta Krüger, Nordrhein-Westfalen (Texte und Bilder)
ISBN-13: 978-3-8370-2914-7
Herstellung und Verlag: Books on Demand GmbH, Norderstedt
1. Auflage 2008

Mail to: JuttaKrueger@web.de
Website: www.kruegerjut.de

Liebe Giulia,

ich danke dir aus tiefstem Herzen für dein geduldiges Mitwirken an der Cover-Gestaltung.

Als *kleines Wunder* bist du in mein Leben getreten. Unsere Freundschaft prägen viele wertvolle Momente und viele weitere schöne gemeinsame Erfahrungen werden sicherlich noch folgen – ich freue mich darauf!

Deine ideenreiche Kreativität ist das i-Tüpfelchen für meine Arbeit und der geschmackvolle Rahmen zu dem Wissen, welches ich so gerne weiter gebe.

Von ganzen Herzen alles Liebe auf all deinen irdischen & spirituellen Wegen.

Deine Jutta

Es war einmal...

... am Heiligabend im Jahre 1988, als ich mit meinem Wagen einen Schleichweg im schönen Schleswig-Holstein befuhr, der asphaltiert war, damit die Bauern nicht bei Dauerregen im Morast mit ihren Treckern versunken wären, und für den Wissenden eine wunderbare Abkürzung zwischen zwei größeren Ortschaften bot. Tatsächlich fanden sich hier auch zwei Gehöfte und ein Neubau, dessen Lichter matt in der Dunkelheit schimmerten. Während ich also mit der notwendigen vorsichtigen Fahrweise diesen Schleichweg von Ort A nach B mit all seinen Kurven befuhr und daran dachte, dass dort in diesen Häusern jetzt die Kinder auf den Weihnachtsmann warteten – da sprang mir genau jener direkt vors Auto. Wie aus dem Nichts kam er aus dem Knick gehüpft, war mindestens genauso erschrocken wie meine Wenigkeit, die gerade noch abbremsen konnte und vorsichtshalber sofort die Zentralverriegelung betätigte. Nicht auszudenken, dass ausgerechnet ICH den Weihnachtsmann überfahre am Heiligabend. Erklären Sie das mal dem Notruf – ho ho ho!

Nach einem kurzen Moment des Schreckens rückte der Weihnachtsmann seinen Geschenksack zurecht, drohte mir noch mal mit seiner ziemlich großen Weidenrute (die armen Kinder!), bevor er über den Zaun sprang und in Richtung Gehöft marschierte. In diesem Moment haben wahrscheinlich alle Wesen der geistigen Welt erschrocken die Augen auf- und die Flügel hochgerissen und Kopf schüttelnd beschlossen, dass man fortan auf mich besonders Acht geben müsste. Mein Weg in die Geschehnisse zwischen dem Unbegreiflichen und doch nicht Unmöglichen war also geebnet. Sie ahnen gar nicht, wie schnell ich deren Hilfe dann wirklich brauchte.

Inhalt

Einleitung

Wie komme ich zu diesem Buch? Nun: ich arbeite gerne mit Worten. Schon als Kind war es mein Wunsch, *irgendwann einmal* als Autorin zu arbeiten, habe dann aber auch bald festgestellt, dass ich niemals eine große Romanschreiberin irgendwelcher zu Tränen rührender, jedoch erfundener Romanzen werden würde. Im Laufe meines Berufslebens habe ich häufig Organisatorisches erledigen müssen, u.a. auch Schulungen vorbereitet und durchgeführt. Die Teilnehmer waren von den Unterlagen äußerst angetan und so widmete ich mich vorerst dem Schreiben von „Lehrbüchern". Aufgrund meines dann im Weiteren spirituellen Weges gingen diese in Richtung Kartomantie; ein kleiner Seitenweg führte mich auch in die Welt der Gutenacht-Geschichten. Nach jedem Buch schwor ich mir „Das ist das letzte!" und alle, die mich kennen, nickten immer ganz verständnisvoll und grinsten sich ins Fäustchen; ernst genommen haben sie mich nicht wirklich.

Zu diesem Buch bin ich aufgrund meiner Tätigkeit als Kartendeuterin und Lebensberaterin gekommen. Ich lege nicht nur Karten, um den Menschen zu zeigen, was die Zukunft für sie in petto hält. Für mich bedeutet Kartenlegen Hilfe zur Selbsthilfe, neue Möglichkeiten aufzeigen, schauen, woran bisherige Wege gescheitert sind, sich aber auch neue Chancen bieten. Dabei begegnen mir täglich neue Menschenschicksale – und viele dieser Schicksale lösen sich nicht, weil der Mensch zu sehr festhält, Altes nicht loslassen möchte, Angst vor

Neuem hat, eine Pause zwischen Alt und Neu Panik auslöst, sondern wenn überhaupt ein Loslassen in Frage kommt, dann der nahtlose Übergang ohne Unterbrechung zum Neuen erwartet wird. Doch so funktioniert das Leben leider nicht (immer). Ich versuche meinen Klienten dann Vertrauen zu geben, ihnen Mut zu machen, erzähle häufig Erfahrungen aus meinem eigenen Leben. Ein Lieblingssatz von mir ist „Hier spricht keine Blinde vom Sehen!" Ich habe viel zu viel erlebt und selbst erfahren müssen und dürfen, dass ich weiß, wovon ich rede bzw. schreibe. Zu diesen Menschen, denen ich versuchte zu helfen, ins Vertrauen zu gehen, gehörte auch Martin (ja, nun mal ein bisschen geduldig, jetzt kommt der *Grund*, warum dieses Buch entstanden ist), ein Manager aus München, Alter: Mitte 50. Wir redeten stundenlang am Telefon und eines Tages sagte ich zu ihm: „Weißt du was? Gebe mir mal deine Adresse. Ich möchte dir nicht für 2 € die Minute aus meinem Leben berichten, ich schick dir mal ein paar Passagen schriftlich zu." Gesagt – getan. Einige Tage später rief Martin mich erneut an und war sichtlich gerührt, nicht nur von dem Inhalt, sondern auch vom Schreibstil. Er wusste nun aber auch, was ich mit *Habe Vertrauen!* meinte – und dieses Wissen darum möchte ich versuchen, auch Ihnen näher zu bringen.

Ich möchte Sie mit diesem Buch einladen, an tatsächlich geschehenen Erlebnissen im Leben einiger meiner Klienten und auch meinem Leben teilzuhaben in der Hoffnung, dass es auch Ihr Vertrauen stärkt oder Sie vielleicht den einen oder anderen brauchbaren Hinweis daraus ziehen können.

OHNE HINWEISE GEHT'S DANN DOCH NICHT

Vor einigen Monaten hatte ich ernsthaft überlegt, ein Engelbuch mit Engelkarten zu veröffentlichen. Doch der Markt bietet so viele wunderbare Engelbücher und auch -karten, dass ich diese Idee sehr bald verworfen habe, zumal ich schon bei den ersten Sätzen spürte, dass es mich nicht wirklich angesprochen hat. Auch zum Thema *positives Denken* und *richtiges Wünschen* gibt es mittlerweile sehr viele Veröffentlichungen, Tonträger und Vorträge, dass ich auch das mir schenken und Sie davor verschonen möchte.

Also: ich möchte Ihnen mit diesem Buch keineswegs „neues" Lesematerial unter die Nase reiben, wie Sie *richtig* wünschen, ich möchte Ihnen auch keine speziellen Engelchen vorstellen, das haben schon andere vor mir getan. Vielmehr möchte ich dem einen und anderen von Ihnen den Zahn des Irrglaubens ziehen, dass sich immer alles sofort erfüllen muss, was man sich wünscht oder positiv herbei denkt, aber gleichzeitig die Hoffnung schenken, dass sehr wohl sich alles erfüllen kann – mit dem nötigen Vertrauen, Glauben und ein paar notwendigen Hinweisen sowie dem eigenen Dazutun.

Gehen wir einmal davon aus, dass Sie 35 Jahre sind und seit circa 10 Jahren merken, dass Ihr Leben nicht mehr so funktioniert, wie Sie es sich eigentlich vorgestellt haben. Sie möchten es anders haben – und doch sind Sie 10 Jahre diesen Weg, den Sie ja eigentlich nicht wollten, weiter gegangen. Und auf einmal werden Sie mit dem Thema Esoterik konfrontiert, erfahren, dass man Engelbriefe bei

Vollmond schreiben kann, Bestellungen an die geistige Welt nur aufzugeben braucht, ach ja – noch ein wenig positiv denken und alles ist wunderbar. Und? Ist alles wunderbar? Selten geschieht es tatsächlich so. Der Grund hat mehrere Namen:

a) Ego
b) „falsches" Wünschen
c) Zeit
d) Vertrauen

Glauben Sie mir: wenn Sie aus rein egoistischen Motiven wie ein trotziges Kind etwas haben wollen, stellen *die da oben* sich zu 99 % auf stur, da geschieht nichts – außer, dass Ihr Frust zunimmt und Sie gänzlich Ihren Glauben und Ihr Vertrauen verlieren.

Auch geht es um die Beweggründe und darum, ob die Erfüllung eines Wunsches (nicht die Umsetzung eines Energie geladenen und mit Angst besetzten Gedankens!) Ihnen wirklich gut tun würde. Natürlich würden Sie im Moment des Wünschens sagen „Ja klar tut es mir gut! Würde ich es mir sonst wünschen?" Aber bedenken Sie, dass die geistige Welt in solchen Momenten oftmals weiter guckt, nämlich langfristig, ob es Ihnen <u>wirklich</u> gut tun würde.

Es gibt auch eine Form des *falschen* Wünschens. So wie das Universum keine Uhrzeit kennt, kennt es auch keine negativen Worte. Alle Sätze, Wünsche, Hoffnungen, die Sie mit Wörtern wie *nicht, kein, nie, niemals* etc. verbinden, verkehren sich ins Gegenteil, da solche Worte gnadenlos gestrichen werden. Die geistige Welt ist eine <u>positive Welt</u>, da gibt es keinen Platz für Negatives. Also achten Sie auf die Formulierung **und** (ganz wichtig!) auf den Inhalt des Wunsches – bei dem einen oder anderen geschilderten Erlebnis werden Sie wahrscheinlich den „Aha-Effekt" erleben und wissen, was ich damit meine.

Weiterhin kennt das Universum keine Zeit; das ist etwas, was der Mensch lernen muss. Das Universum kennt keine Bestellungen mit 24-Stunden-Eil-Lieferservice, denn das Universum hat keine Uhr und keinen Annahmeschluss für Bestellungen (heute bis 17 Uhr gewünscht – morgen geliefert). Vergessen Sie es!
Es geschieht – und zwar dann, wenn es für Sie gut ist. Das kann manchmal ganz schnell gehen, manchmal aber auch Jahre dauern. Nicht alles, was ganz schnell geht, muss auch gut sein.
Manches lässt länger auf sich warten, <u>damit</u> wir hier unten den brauchbaren Nutzen daraus ziehen können, um das Beste daraus zu machen. Werden Sie also nicht böse oder wütend, wenn nicht alles so läuft, wie Sie es jetzt in diesem Moment, spätestens aber Morgen gerne hätten.

Weiterhin lässt sich das Universum nicht testen. Viele meinen, es mal auszuprobieren zu müssen und wenn es nicht sofort klappt, dann ist eben alles nur Blödsinn. Doch gerade die in diesem Buch geschilderten Erlebnisse werden Ihnen zeigen, dass alles kommt – gute wie schlechte Dinge. Das ist so sicher wie das Amen in der Kirche, und zwar immer dann, wenn Gefühl und Gedanke eine Symbiose bilden.

Wenn Sie sich etwas wünschen, dann machen Sie sich bitte niemals um das WIE Gedanken, versuchen Sie bitte niemals, *denen da oben* mögliche Lösungsvorschläge anzubieten. Damit stellen Sie nur die Möglichkeiten und Fähigkeiten der geistigen Welt in Frage. Das Universum kennt das *Wie* und kennt das *Wann* – Sie müssen nur eines wissen, nämlich DASS es geschieht. Mehr nicht.

Wenn ich etwas wissen oder haben möchte, dann gebe ich es *nach oben* ab. Das ist mal sehr sanft und nett formuliert, manchmal auch ein wenig barscher, das eine Mal nur mental losgeschickt, ein anderes Mal im Gebet oder auch schon mal etwas lauter vor mich hinschimpfend.
Spiritualität hin wie her, ich bin auch nur ein Mensch und Emotionen wie Wut und Ungeduld gehören auch zu meinem Leben.

Immer wieder werde ich gefragt, woher ich meine Infos bekomme, wie ich sie wahrnehme, was genau passiert, wenn ich Antworten *von oben* bekomme.
Ehrlich gesagt: ich kann es Ihnen gar nicht mal richtig beschreiben. Sie sind einfach da. Manchmal ist es wie eine Stimme, die in meinen Gedanken mir etwas flüstert, manchmal ist es mein Bauchgefühl, welches mich spüren lässt, ob es gut oder schlecht ist, manchmal flackert die Flamme meiner Kerze oder rußt wie verrückt, sodass ich weiß, dass Unheil im Anmarsch ist. Es gibt so viele Möglichkeiten und ich lerne ständig neue dazu.

Ich kann Ihnen aber versichern, dass *die da oben* mich nicht anrufen, mir schreiben oder sich zu mir an den Tisch setzen und Bericht erstatten oder mit mir am Montag die TOP-Liste der kommenden Woche abgehen.

Es sind Momente, spontan, unberechenbar – aber immer zum richtigen Zeitpunkt (wenn ich ihn denn nutze).

Diese Infos bekomme aber nicht nur ich – wir alle können sie bekommen, wenn wir bereit sind, hinzuhören, hinzufühlen, hinzusehen. Anfangs wird man es noch als Zufall abtun, doch je häufiger Sie um etwas bitten und es erhalten (ohne auf die Uhr oder den Kalender zu schauen, wie lange die Lieferfrist dauert!), desto leichter kann *es* geschehen und desto schneller werden Sie sich eingestehen müssen, dass es so viele Zufälle nicht geben kann.

~ * ~ * ~ * ~ * ~ * ~ * ~

Natürlich geht es nicht immer nur um Wunscherfüllung. Manches Mal bekommen wir auch eine „Mitteilung", wenn *denen da oben* etwas nicht in den Kram passt oder sie uns vor etwas warnen wollen, sie uns einfach etwas mitteilen möchten. Das Universum kann uns keine SMS oder Mail senden, aber es lässt uns spüren, wenn es wichtig ist, dass wir etwas erfahren sollen.

Nachdem ich die Idee mit dem Engelbuch aufgegeben hatte, lag es mir aber weiterhin am Herzen, viele Menschen an *erlebten Erfahrungen* teilhaben zu lassen, um auch deren Vertrauen zu stärken – nur das *WIE* wusste ich nicht zu beantworten. Musste ich ja auch nicht, Sie wissen ja bereits, dass für das *WIE* das Universum zuständig ist. Ich habe dieses *WIE* abgegeben und die Antwort erhalten – Sie halten diese jetzt in Ihren Händen und lesen darin. Kein Lehrbuch, kein Anweisungsbuch, einfach Erfahrungsberichte, die das wirkliche Leben schrieb mit kleinen Hinweisen, die manchmal ironisch gemeint sind, zum Schmunzeln oder Lachen animieren, nachdenklich oder traurig stimmen. Alle Facetten der Emotionen sind enthalten, denn all das gehört zu unserem Dasein dazu.

Die einen nennen es Instinkt, die anderen Intuition, manche reden vom Zufall und andere von „Glück gehabt!". Nennen Sie es, wie Sie möchten, für mich ist es

Antwort von oben!

Viel Freude beim Lesen!

WERDEN ALLE WÜNSCHE UND GEDANKEN WAHR?

Nein. Die Antwort darauf ist ein klares Nein.
Überlegen Sie einmal, wie oft Sie einen Wunschgedanken hegen? Schon allein beim Bummel durch die Stadt und dem Blick ins Schaufenster: *Diese Hose hätte ich gerne* oder *das Parfüm, so ein Fernseher würde sich auch toll in meinem Wohnzimmer machen* usw. usw.
Wenn also <u>alle</u> Wünsche sich manifestieren würden, täte es pausenlos an den Haustüren klingeln und es würden nur noch Päckchen und Pakete zugestellt werden.

Es geht um die Vorstellungen, die wir nicht im Vorbeigehen denken oder wünschen, sondern in die wir bewusst viel gedankliche Energie investieren, die sich dann in unserem Kopf, in unseren Gedanken, in unserem Unterbewusstsein einnisten und so den nötigen Nährboden erhalten, um Realität zu werden.

Dabei kann es sich um gute wie auch schlechte Wünsche, Hoffnungen, Gedanken, Ängste handeln. Je mehr Energie hineinprojiziert wird, desto größer ist die Wahrscheinlichkeit, dass es sich auch tatsächlich so umsetzt. Das kann sehr schnell passieren, kann aber auch Jahre dauern.

Es ist wie mit der Natur: setzen Sie Zwiebeln für die einen Pflanzen aus, sind sie in vier Wochen sichtbar; andere hingegen brauchen ein halbes Jahr und länger.

ALLES SPIRITUALITÄT ?

Spiritualität hin wie her – so ist es mir ein Anliegen, Sie gleich zu Beginn daran zu erinnern, dass das Leben hier auf der Erde stattfindet. Mir sind im Laufe der letzten Jahre viele Menschen begegnet, die sich voller Freude mit den Themen der Esoterik und Spiritualität auseinandergesetzt und in ihr Leben integriert haben, doch sind sie einer Art Wahn – ja, ich möchte es wirklich Wahn nennen – verfallen und haben am Schluss schon gar nicht mehr gewagt, noch irgendetwas zu tun oder sagen, ohne sich vorher Rat einzuholen, haben in alles und jedem ein Zeichen gesehen und verfielen schon in Panik, wenn sie einmal negative Gedanken hegten.

Also noch einmal: das Leben findet hier auf Erden statt, nicht jede Situation ist ein Zeichen, nicht jeder Mensch hat eine Aufgabe, wenn er in unser Leben tritt. Positive Gedanken sind schön, sie heben das Gemüt – doch werden wir alle im Leben auch mit Situationen konfrontiert, die uns traurig, wütend, aggressiv machen. Dann lassen Sie bitte Ihren Emotionen freien Lauf, ebenso den Tränen, seien Sie wütend, gestehen Sie sich ein, wenn Ihnen etwas nicht gefällt. Spiritualität bedeutet nicht, alles gutheißen zu müssen und gewisse Regungen in sich zu leugnen, im Gegenteil: lassen Sie sie zu ... aber verlieren Sie sich nicht in ihnen.

Für mich ist Spiritualität eine schöne Ergänzung zu meinem irdischen Leben. Es erfüllt mich mit Freude, mit Leichtigkeit, bringt manchmal Traurigkeit, aber auch lustige Momente, doch ist es eben nur ein Teil meines Lebens. Ich sehe meine Aufgabe in der Umsetzung von Spiritualität & Esoterik darin, nicht nur mein Leben verständlicher und leichter zu leben, sondern auch anderen dazu zu verhelfen, gewisse Begebenheiten einfach mal zu betrachten, zuzulassen, ein wenig kennen zu lernen und für sich zu prüfen, ob es in ihr Leben passt oder nicht. Wer meinen Rat einholt, bekommt von mir kein Schema X aufgedrückt, wird von mir niemals Druck erfahren, dass Sie sich für etwas entscheiden sollen, dies oder das nicht dürfen etc. – im Gegenteil: jene, die bisher meinen Rat eingeholt, mir erlaubt haben, sie ein Stück auf ihrem spirituellen Weg begleiten zu dürfen, schätzen es gerade, wenn ich auch Nein sage und gewisse Entwicklungen in dieser Branche sehr wohl zweifelnd und manchmal lachend in Frage stelle, **gerade und obwohl** die Spiritualität ja *mein Thema* ist.

Lassen Sie sich niemals von jemandem einreden, dass Sie alles verkehrt machen und sofort Ihr Leben umkrempeln müssen, wenn Sie denn überhaupt mal wieder glücklich sein wollen. Immerhin haben Sie ja bisher überlebt, nicht wahr? Da kann ja nicht alles verkehrt gewesen sein, oder? Sie müssen nicht von heute auf morgen ein anderer Mensch werden und glauben, dass Ihr Lebensfahrstuhl in die höchsten Ebenen von jetzt auf gleich schießt. Solche Glücksfälle passieren den wenigsten. Sie passieren, aber eben nicht so häufig. Je kleiner Sie anfangs Ihre Erwartungen halten, desto größer ist die Freude, wenn sich diese dann erfüllen.

Verfallen Sie nie dem Irrglauben „Viel ist gleich gut!" oder „Nur was teuer ist, kann auch was sein!"

Hierzu zwei Beispiele:
Es gibt Reiki'aner, die in über hundert „Reiki"-Formen eingeweiht sind. Doch was nützt ihnen all das, wenn sie mit dem ursprünglichen Reiki überhaupt nicht umgehen können, gar nicht wissen, was es damit auf sich hat? Wobei ich persönlich einige der angeblich gechannelten Formen ernsthaft in Frage stelle und strikt ablehne.
Ich habe mittlerweile genügend an Reiki Interessierte kennen gelernt, die von Ihren Reiki-Lehrern einfach im Stich gelassen wurden, wenn sie Fragen hatten, die Einweihungen einfach abgebrochen oder gar nicht vollzogen haben, aber hunderte von Euro vorher kassierten.

Einige Kartenleger arbeiten mit zig verschiedenen Kartendecks, ohne auch nur ein einziges wirklich von A bis Z zu verstehen. Auch wird niemand jemals an einem Wochenende das Kartendeuten lernen; vergessen Sie es! Selbst nach einem intensiven Seminar oder Fernstudium über mehrere Monate wird man noch einige Zeit brauchen und üben müssen, bevor man fremden Menschen wirklich helfen kann. Das Können kommt mit der Erfahrung und die Erfahrung kommt mit dem Erproben, aber ganz sicher nicht durch unendlich viele Zertifikate und Bescheinigungen.

Es reicht einfach nicht aus, nur ein Seminar zu besuchen und dann das dort erfahrene Wissen an andere weiter zu geben, wenn man selbst es nicht verstanden hat. – Doch genau von solch Denkenden gibt es in unserer heutigen Zeit, in der man an allen Ecken und Kurven mit Themen der Esoterik und Spiritualität konfrontiert wird, viel zu viele. Jene, die für viel Geld „ihr Wissen" weiter geben möchten und dann bei weiteren Nachfragen den Kontakt abbrechen oder einen mit „das Seminar ist vorbei" im Regen stehen lassen.

Das Leben ist nicht immer nur eine brillierende Bühne, man kann es nicht allen recht machen. Die einen schreien „Buh!" und die andere ehren Sie mit tosendem Applaus. Zum Leben gehören positive wie negative Erfahrungen, Anerkennung wie Ablehnung – doch sehen Sie die ablehnenden Momente des Lebens nicht als ein Scheitern Ihrerseits an, entwerten Sie sich nicht selbst und verfallen Sie in solchen Momenten bitte nicht der Sucht auf der Suche nach Antworten in der Spiritualität.

Das ist einer der Gründe, warum viele Menschen sich der Esoterik widmen, anfangs wie berauscht sind und glauben, alle Antworten auf ihr sich selbst aufdiktiertes Scheitern zu finden und sich im Dschungel der Spiritualität verlieren, viel Geld lassen und irgendwann merken, dass sie ihr Leben nicht mehr leben, sondern nur noch nach universellen Gesetzmäßigkeiten ausrichten. Auf einmal haben Spiritualität und Esoterik nichts mehr mit Leichtigkeit, sondern nur noch mit seelischem Ballast zu tun.

Wenn Sie merken, dass Sie an solch einem Punkt

angelangt sind, dann holen Sie sich bitte dringend Hilfe, wenden Sie sich an jemanden, der Ihnen beisteht, sich aus diesem Wirrwarr zu lösen.

Haben Sie den Mut das anzuerkennen, denn: Esoterik kann zur Sucht werden, doch diese Sucht macht arm und einsam, aber bestimmt nicht glücklich.

Ich wünsche Ihnen von Herzen Leichtigkeit in Ihrem Leben, viele Anregungen und ein Staunen über gewisse Geschehnisse. Doch bleiben Sie Mensch, bewahren Sie sich Ihre natürliche Skepsis, folgen Sie nicht der Masse aus Angst, ansonsten als Außenseiter angesehen zu werden. Wenn Ihnen etwas zusagt, es Ihnen hilft, nehmen Sie es an; doch haben Sie auch den Mut, zu den Dingen, die Sie überhaupt nicht ansprechen, Nein zu sagen.

MEINE ERSTE SCHUTZENGEL-ERFAHRUNG

Ich habe ganz bewusst Schutzengel-**Erfahrung** geschrieben. Hätte ich jetzt von Begegnung gesprochen, würden wahrscheinlich gleich wieder Dutzende von Zweiflern verbal auf mich einschlagen und eine Begegnung in Frage stellen.

Also zur Klarstellung: ich habe meinen Schutzengel nicht gesehen, es gab kein *shake hands,* aber ich habe seine Anwesenheit gespürt – denn er hat mir mein Leben gerettet, und zwar nur wenige Tage nach dem Erlebnis mit dem „Weihnachtsmann".

Trotz Winterzeit waren die Straßen trocken und frei von Schnee und Eis, entsprechend fuhr ich locker flockig über die Autobahn und wurde als Fahranfänger (ich hatte im Sommer davor meine Prüfung abgelegt) erstmals mit den Tücken der Wetterverhältnisse auf den Straßenbelägen konfrontiert. Ich musste von der Autobahn abfahren und fuhr immer noch recht schwungvoll die Ausfahrt hinauf gen Autobahnbrücke. Wenn man oben ankam, konnte man nur nach links oder rechts abbiegen, auf der gegenüberliegenden Seite befand sich seit Herbst eine Kiesgrube. Da die Brücke selbst noch nicht so lange bestand, gab es auch noch keine richtigen Leitplanken, alles war nur notdürftig geschützt und auf der Seite zur Kiesgrube hin zwischen Straße und Fußgänger- bzw. Fahrradweg befand sich lediglich ein Maschendraht-zaun, dafür immerhin ein kleiner Holzzaun rechts neben dem Fußgänger-/ Fahrradweg, der vor dem Abgrund in die Kiesgrube schützen sollte. Wie gesagt: alles recht notdürftig.

Das Übel nahm seinen Lauf, denn je mehr es nach oben ging, desto rutschiger wurde auf einmal die Straße. Ich bremste und es geschah - nichts. Das Auto fuhr und fuhr und reagierte auf keinerlei Bremsversuche. Es scherte auch nicht zur Seite aus, sondern fuhr schnurstracks wie herübergezogen an einer Schnur immer geradeaus direkt auf diesen Maschendrahtzaun zu. Angst erfüllte mich, Panik machte sich in mir breit, gefolgt von einer plötzlichen Gelassenheit, weil ich wusste, dass ich nichts mehr tun konnte. Ich hatte nur einen Gedanken, dass dieses verdammte Auto endlich stehen blieb und sah zeitgleich mein Leben als beendet an – trotzdem war eine fast schon unheimliche Ruhe in mir.

Auf einmal gab es einen einzigen Ruck und das Auto blieb stehen: ganz gerade, nicht quer auf der Straße stehend, wie aus dem Nichts gab es diesen Ruck und mein Wagen stand. Ich kam mir vor, als hätte man Tauziehen mit mir gespielt. Während eben noch auf der Vorderseite gezogen wurde, ich Meter für Meter auf diesen tiefen Abgrund der Kiesgrube zuschlitterte, schien plötzlich jemand Stärkeres am anderen Ende vom Seil zu ziehen und schaffte es, mit einem kräftigen Zug das Auto zum Stoppen zu bringen.

Ich atme ein paar Mal tief ein und aus und schaute mich vorsichtig um. Denn ein weiteres Wunder spielte sich in diesem Moment ab. Diese Brücke, die sonst recht viel befahren ist, war leer. Weder von links noch von rechts kam ein Auto. Ich stand ganz allein auf dieser Autobahnbrücke, niemand anderes war in Gefahr geraten und auch ich war nicht der Gefahr ausgesetzt, dass möglicherweise herannahende Autos bei meinem unfreiwilligen Überqueren der Brücke hätten in mich hineinfahren können.

VERGESSENE WÜNSCHE

Als ich den Weg meiner Spiritualität weiter beschritt, wurde natürlich auch mir mehr und mehr Einblick gewährt in die Thematik des *richtigen Wünschens*. Am Anfang registrierte ich es gar nicht so, sondern nahm all die Hinweise wie das Rezept für ein Menü: befolge die Schritte 1 bis 10 und am Ende steht das Essen auf dem Tisch. So ungefähr jedenfalls. Aber mich *wirklich* damit beschäftigt und auseinandergesetzt – das kam erst viel später. Hey, ich bin auch nicht Mrs. Perfect. Glauben Sie man ja nicht, dass ich in diesem Sektor keine Fehler mache und glauben Sie schon mal gar nicht, dass ich hier unten nicht auch so manches Mal mit verschränkten Armen stehe, missmutig nach oben schaue und frage „Dauert es noch lange?!".

Je mehr ich mich jedoch damit beschäftigt habe und je häufiger ich mit dem Thema „Alle Wünsche werden wahr – deine Gedanken sind dein Leben!" konfrontiert wurde, desto mehr begann ich, mich zurückzuerinnern an meine früheren Wünsche. Nein, nicht die von letzter Woche oder vorherigem Monat. Nein – die, die wirklich lange zurücklagen. Und es taten sich mir wundervolle Welten auf und ich war fassungslos – vor Staunen, vor Freude, bei einigen Dingen auch vor Traurigkeit (denn es kommt ja nicht immer nur Gutes von oben).

Es war ein Wechselbad der Gefühle und ich bin auch heute noch erstaunt, wie viele meiner Wünsche und Träume, die ich *irgendwann* einmal fantasiert hatte, wirklich wahr geworden sind.

Sie werden sich jetzt vielleicht fragen, warum ich sie „vergessene Wünsche" nenne. Die Antwort ist eine erdenklich einfache: Zum Zeitpunkt des Wünschens war ich spirituell noch nicht mit meinem Wissen so weit wie heute. Wer von uns träumt denn nicht mal vor sich hin und stellt sich vor, wie schön es wäre, wenn …?
Ich habe es mir also gewünscht, mir intensiv ausgemalt, vor mich her fantasiert, aber damals nicht wirklich an die tatsächlich Umsetzung gedacht *), sondern einfach nur geträumt und dann wieder vergessen, mich nicht mehr damit beschäftigt.

Möchten Sie ein paar dieser Träumereien erfahren?
Okay, ich plaudere für Sie ein wenig aus meinem Wunsch-Nähkästchen …

*) Ich habe bewusst **gedacht** geschrieben, nicht **geglaubt**. Das ist ein großer Unterschied und im Zusammenhang mit „Wünsche werden wahr" immens wichtig!

Ich möchte ...

... eine berühmte Schriftstellerin sein

Ja, da staunen Sie, nicht wahr? Ich war als Kind die reinste Leseratte. Alle 14 Tage freitags marschierte ich in die Bücherei und kam mit 7 bis 10 Büchern wieder zu Hause an. Ich konnte stundenlang lesen mit wachsender Begeisterung. Kein Buch war mir zu dick, kein Thema zu kompliziert. Ich liebte Bücher! Manche Bücher, die ich geschenkt bekam, las ich mehrere Male, so oft, dass sie schon alleine deswegen in Oma Ellis Ofen landeten, weil auch das stärkste Klebeband irgendwann nicht mehr die Seiten zusammenhielt. Und wenn ich mit dem Buch im Arm eingeschlafen war, träumte ich davon, eines Tages selbst Bücher zu schreiben und eine bekannte Schriftstellerin zu sein.

Damals war ich noch ein junges Mädchen. Alle Kinder haben Träume, was sie einmal machen möchten. Mein Traum war es, Bücher zu schreiben. Dieser Wunsch war bis ins Erwachsenenalter in mir, irgendwo trug ich ihn in meinem Unterbewusstsein immer mit mir herum, er war geschützt durch den *Wächter meines Unterbewusstseins*, wie ich es nenne. Dieser Wächter hat diesen Wunsch vor wenigen Jahren wieder freigegeben und ich fing an zu schreiben. Neben dem Gutenachtgeschichten-Büchlein sind mittlerweile mehrere Bücher von mir zum Thema Kartomantie erschienen, weitere stehen unter Vertrag und werden nach und nach veröffentlicht.

Vor gar nicht langer Zeit (es war ungefähr im Sommer 2007) hatte ich den Wunsch geäußert, dass ich gerne *einen authentischen Roman schreiben möchte, der die Herzen der Leser berührt und ihre Seelen streichelt - liebes Universum, bringt mir die Lebensgeschichte, die diesen Wunsch erfüllen kann.*
Und sie haben mir die Menschen gebracht, über die ich ab Sommer 2008 schreiben werde. Zwei junge Frauen, die aufgrund in vielen Generationen weiter gegebener Vorstellungen einer uns gar nicht so fremden Kultur ein wirklich trauriges Schicksal hinter sich haben, sich aber daraus befreien konnten und ihrerseits selbst den Wunsch hatten, diese Lebenserfahrung, der sie erst als junge Erwachsene entrinnen konnten, als Buch zu veröffentlichen, auf der Suche nach jemanden, der es so schreibt, wie sie es sich vorstellen. Nun: das Universum hat uns zueinander geführt, wir sind uns begegnet und wir sind uns alle drei sicher, dass es DAS BUCH wird, *das die Herzen der Leser berührt und ihre Seelen streichelt.*

Ich möchte ...

von zu Hause

aus arbeiten

Hand aufs Herz: Haben Sie nicht auch manchmal von Ihrer Arbeit die Nase voll und in Gedanken sich gewünscht, nie mehr ins Büro oder in die Fabrik zu müssen, nie mehr morgens die Stempelkarte rein in den Kasten und abends noch einmal, nie mehr in ein Stück Pappe Löcher stanzen oder Zeiten aufstempeln lassen müssen, um Ihre An- und Abwesenheit nachzuweisen, nie wieder den Launen des Chefs oder der nervigen Kollegen ausgesetzt sein, einfach raus aus dem Alltagstrott, arbeiten, wann es Ihnen Spaß macht, morgens eine Stunde länger schlafen, sein eigener Chef sein, das tun, was Ihr Herz erfreut?

Ich bin ein Workaholic; das ist etwas, womit viele meiner Kolleginnen und Kollegen nie klar kamen und ich mit deren daraus resultierendem neidischem Meidungs- verhalten schon mal gar nicht. Während ich so manches Mal in meinem Büro saß, entweder über Krankenakten versunken oder mit Protokollen aus endlosen Gerichtsverhandlungen konfrontiert, träumte ich vor mich hin, wie schön es wäre, daheim bleiben zu dürfen, um in aller Ruhe arbeiten zu können. Dieser Wunsch wurde immer größer zu einer Zeit, als ich meinen treuen Freund Artus, einen wirklich tollen Hovawart, an meiner Seite hatte. Wie gerne wäre ich doch viel lieber mal ganz spontan mit ihm durch die Wiesen gelaufen, anstatt nach Zeitplan morgens vorm Büro, in der Mittagspause und nach Büroschluss.

Getreu dem Motto „Dein Wunsch ist mir Befehl!" erfüllte mir das Universum diesen Wunsch. Das war noch vor meiner Tätigkeit als Autorin, als ich gerade begann, mein Wissen nach außen zu tragen, meine über ein Jahrzehnt zusammengetragenen Gedanken zu Papier zu bringen und anderen Menschen in ihren schwierigen Lebenssituationen als Beraterin zu helfen.

Und nun kommen wir das erste Mal an einen Punkt, wo ich auf das *richtige* Wünschen hinweisen möchte:

Ich habe mir gewünscht, von zu Hause aus zu arbeiten – und es geschah. Doch die Umstände, die dazu führten, waren nicht gerade die schönsten, und auch das Drumherum (ich wollte ja auch überleben) nicht unbedingt einfach, im Gegenteil. Also: sich einfach nur hinsetzen und davon träumen, von zu Hause aus zu arbeiten, reicht nicht. Aber ich war seinerzeit noch blutige Anfängerin im Wünschen, ahnte ja nicht, dass es sich so schnell realisieren würde, wusste nicht, dass ich das genauer definieren müsste, denn für mich war es logisch, dass wenn es passiert, es auch alles passen würde. Weit gefehlt.

Es hat sage und schreibe fast vier harte Jahre gedauert, bis ich wirklich wieder festen Boden unter den Füßen hatte. Der Tod meiner Mutter, meine eigene Krankheit, Mobbingsituation am Arbeitsplatz – all das haben dazu geführt, dass ich in die Selbständigkeit „geschubst" wurde. Doch wirklich leben konnte ich anfangs davon nicht, es hat mich nahezu in den finanziellen Ruin getrieben.

Wie ich da herausgekommen bin? Es gab einmal ein kleines Mädchen, das Schriftstellerin werden wollte ...

Das mag jetzt rührend klingen, doch ich kann Ihnen versichern, dass diese Zeit alles andere als rührend war!

Also: wenn Sie sich wünschen, von zu Hause aus zu arbeiten, dann geben Sie diesen Wunsch aber nur mit einem hieb- und stichfesten Plan nach oben ab, was genau Sie sich vorstellen und was Sie alles benötigen (damit meine ich jetzt nicht die Anzahl der Bleistifte), sondern das Drumherum: dass Sie natürlich sorglos in die Selbständigkeit gehen möchten und sorglos leben möchten, dass Sie viele Kunden haben werden, Ihre Arbeit anerkannt wird, Sie für Inspirationen dankbar sind – all das mag Ihnen schon klar sein, aber sagen Sie es *denen da oben* ruhig vorsichtshalber. Und wo Sie schon dabei sind, können Sie *denen da oben* auch gleich mitteilen, dass Sie aber auch für noch bessere Möglichkeiten denn Ihren eigenen Vorstellungen immer bereit sind.

Erinnern Sie sich: hier schreibt keine Blinde vom Sehen.

Ich möchte...

einmal wie Magnum

zwinkern

Als Jugendliche habe ich diese Fernsehserie mit Tom Selleck geliebt, jener, der als Privatdetektiv im Auto seines Chefs, einem roten Flitzer der oberen Preiskategorie über die Straßen der hawaiischen Inseln fuhr. Im Vorspann gab es die Szene, in der er lässig über die linke Schulter schaut, sein Schnurrbart sich im breiten Grinsen verzieht und er neckisch mit den buschigen Augenbrauchen zuckt. Oh ja, das war es. Nein, um Himmels willen, ich wollte weder den Schnurbart noch die buschigen Augenbrauen. Auch nicht den roten Flitzer, also zumindest keinen aus jener Preisklasse. Aber ein Cabrio und dann genauso neckisch daraus den Passanten zublinzeln. Yeah!

Ich habe mein Cabrio gehabt. Die Umstände, die dazu geführt haben, waren abermals nicht lustig, weil ein betrunkener Dorfbewohner meinem damaligen Auto eine heftige Beule verpasst und sich feige aus dem Staub gemacht hatte. Das war im Dezember. Im Januar oder Februar gab es bei HONDA das traditionelle Frühstück und ich liebäugelte schon eine Weile mit dem Honda CRX, dem Flitzer mit dem Hardtop. Doch lange schminkte ich mir diesen Gedanken ab, weil a) der Wagen in der Anschaffung – wegen „zu neu" – einfach zu teuer war und b) die Versicherung mich ein Vermögen gekostet hätte.

Lustigerweise hatte ich meinen Traumwagen, diesen Honda CRX in einer speziellen Farbe – nämlich einem leuchtenden Grün – einmal Probe gefahren, und bin aufgefallen ohne Ende. Während ich als Jugendliche noch den Passanten neckisch zublinzeln wollte, hatte ich jetzt nur noch einen Wunsch, nämlich wieder ein unauffälliges Auto zu fahren und nicht mehr aufzufallen. Sie merken schon, worauf ich hinaus möchte, nicht wahr? Genau. Zu dem Zeitpunkt der Probefahrt war ich noch nicht bereit für dieses Auto und schon gar nicht für irgendwelche Blinzelspielchen mit meinen Mitmenschen. Es war noch nicht der richtige Zeitpunkt für ein langfristiges Date mit meinem Cabrio. Doch der kam.
Schließlich wird „Frau" ja reifer und erwachsener und irgendwann kommt das Alter, in dem man auch mal wieder auffallen möchte. Nun, es waren zwei oder drei Jahre vergangen, seit dieses Auto auf dem Markt war und ich war bereit.

Also: mein Auto erlitt eine fiese Beule und das HONDA-Frühstück nahte im Kalender. Mein damaliger Partner wollte unbedingt hin, aber ich nicht. Ich war zickig, denn das Geld für ein neues Auto hatte ich nicht wirklich. Ich rief dann aber in der Werkstatt an, weil ja mein Wagen repariert werden musste, und der Besitzer erzählte mir voller Freude, dass er eine Überraschung hätte. So so, eine Überraschung. Ja welche denn bitte?

Genau: er bekam an diesem Wochenende jenen HONDA CRX zum Verkauf rein, den ich schon so lange haben wollte, und zwar in genau jenem speziellen Grün. Mich schien der Teufel zu reiten, denn spontan sagte ich „Der Wagen ist gekauft." Autsch. Hatte ich sie noch alle?

Ja, ich hatte sie noch alle, ein wenig übermütig zwar, aber ich wusste, das konnte kein Zufall sein und ich wollte unbedingt dieses Auto haben. Jetzt war ich bereit dafür, meine Prozente in der Versicherung waren mittlerweile gesunken, sodass die Prämie mich nicht mehr wirklich umhauen konnte, und als Gebrauchtfahrzeug konnte mein Traum nicht so teuer sein.

Ich mache es kurz: Der Inhaber der HONDA-Niederlassung hat es möglich gemacht, mir eine supergute Finanzierung zu beschaffen und ich habe einige Jahre meinen Traumwagen gefahren. Ich liebe ihn noch heute und mein Wunsch ist es, dieses Auto, nein – Korrektur: *dieses Modell* noch einmal zu besitzen in genau jener Farbe und die Möglichkeit zu haben, ihn so wieder herrichten zu lassen, dass ich noch viele Frühjahre und Sommer schelmisch den Passanten daraus zuzwinkern kann, während wir zwei über die Straßen düsen …

Auf, auf, ihr da oben!

TRÄUME

... sind für die geistige Welt eine wunderbare Möglichkeit, uns ihre Informationen zukommen zu lassen. Der Schlaf unterbindet die Erwartungshaltung, dass doch jetzt endlich mal irgendeine Nachricht *von oben* kommen müsste, und so hat die geistige Welt in der Tat leichteren Zugang zu uns, weil wir völlig entspannt und somit empfänglicher für die Botschaften sind. Die Schwierigkeit besteht allerdings nicht selten darin, diese richtig zu deuten, zu verstehen. Manchmal können wir mit den Infos einfach nichts anfangen. Trotzdem lohnt es sich, unseren Träumen mehr Aufmerksamkeit zu schenken. Sie beinhalten so manches Mal versteckte Hinweise, die uns erst viel später bewusst werden. Egal, wann Sie dahinter kommen, was ein Traum bedeutet hat: es wird Ihnen helfen, künftig aufmerksamer mit Ihren Träumen umzugehen und ermöglicht es Ihnen so, Ihre Träume zu verstehen.

Natürlich wird sich nicht jeder von uns mit dem Thema der Traumdeutung beschäftigen. Ich muss zugeben, dass ich selbst es auch nicht tue. Ich gehöre nicht zu den Menschen, die direkt nach dem Aufstehen im Traumdeutungsbuch nachschlagen, was jetzt was bedeutet haben könnte und wieso – weshalb – warum ich damit im Schlaf konfrontiert wurde. Ganz klares NEIN auf meiner Seite. Ich besitze nicht mal solch ein Buch.

Je nach meiner persönlichen Lebenssituation träume ich mal mehr, mal weniger. Dabei erlebe ich aber auch Träume, von denen ich weiß, sie sind ein Hinweis, sie möchten mir ein Geschehen ankündigen, dass noch nicht passiert ist, aber passieren wird. Mein Problem bei der Geschichte ist: ich kann es nicht immer zuordnen, ich weiß zwar, was mir die geistige Welt sagen möchte, aber ich weiß nicht, wie ich es nach außen tragen soll, um darauf aufmerksam zu machen. Ich kann diese Träume auch nicht immer genau zuordnen, manchmal ja, manchmal nein. Das ist ganz unterschiedlich. Ich denke mir mal, ich bin noch nicht so weit, um damit *richtig* umzugehen, damit an die zuständigen Leute oder Stellen heranzutreten und zu sagen „hey, ich hatte da einen Traum, nämlich …". Ich kann Ihnen auch nicht sagen, ob das Universum mich dahin gehend weiter fördern wird, mich häufiger mit solchen Träumen heimsucht, **damit** ich etwas daraus machen kann, um vielleicht zu helfen, schlimmeren Geschehnissen vorzubeugen. Ich weiß es einfach nicht und warte die künftige Zeit ab. Wenn es so gewollt ist, werden *die da oben* dafür sorgen, dass ich es tun kann und dann auch tun werde.

Hier einige Beispiele …

Großbrand

Einer meiner Träume handelte von einem Großbrand. Aus einem sehr langen, großen Gebäude drang aus einer Ecke Qualm, der immer dichter wurde, bis das Gebäude lichterloh in Flammen stand. Komischerweise wurde ich im Traum immer wieder darauf aufmerksam gemacht, dass es ein weißes Gebäude war. Egal, wie dicht der Qualm wurde, egal wie hoch die Flammen aus dem Gebäude schossen, der Traum zeigte mir durch das Flammenmeer immer wieder ein weißes Gebäude, das am Ende aber völlig zerstört war.

Ich bin schweißgebadet in der Nacht aufgewacht und hatte Mühe wieder einzuschlafen, mein Herz schlug wie verrückt und ich wusste: es wird passieren. Ich kannte solch ein Gebäude aber nicht. Meinem damaligen Wohnsitz gegenüber gab es einen Maler und Heizungsmonteur. Die hatten ihre Firma in einem weißen Gebäude. Doch es entsprach in der Größe nicht annähernd dem, was ich „gesehen" hatte. Wann immer ich mit meinem Hund spazieren ging und an diesem Maler- und Monteursgebäude vorbei kam, blieb ich einen Moment stehen und mein inneres Gefühl sagte mir: Nein, das ist es nicht.

Ich verdrängte irgendwann den Gedanken daran und tat es einfach nur als bösen Traum ab. Einige Wochen später klingelte in den frühen Morgenstunden mein Telefon. Meine Schwester war dran und meinte „Bei dir brennt es!". Ich saß senkrecht im Bett, schnupperte durch die Gegend – konnte aber nichts riechen. „Bist du besoffen?!"

Ich schnauzte sie an, denn sie hatte mir einen Heidenschrecken eingejagt und mein Kreislauf, der es nicht lustig fand, morgens um 5.30 Uhr mit solch einem Telefonat aus dem Schlaf gerissen zu werden, löste Übelkeit in mir aus. „Hier brennt es nicht!" Ich war kurz davor, aufzulegen, als sie meinte: „Nein, nicht bei dir zu Hause. Das neue Einkaufsgelände steht in Flammen. Das musst du doch sehen!"

Das neue Einkaufsgelände. Ich wohnte seinerzeit auf einem Dorf, die nächste Stadt war nur 1 km entfernt und in einem abgelegenen Teil dieser Stadt, der in Richtung anderer Dörfer lag, wurde vor wenigen Monaten ein großes Einkaufszentrum eröffnet. Ich guckte aus dem Schlafzimmerfenster über die Wiesen und Felder hinweg und konnte in der Tat ein Stückchen weiter entfernt die Rauchschwaden erkennen.
Als ich später daran vorbeifuhr, erinnerte mich das Trümmerfeld an meinen Traum. Doch etwas passte nicht. Dieses Gebäude war nicht weiß. Ich tat es wiederum als Hirngespinst ab. Später las ich in der Presse, dass in der Tat das Feuer von einer Ecke aus losgegangen sein musste. Ein Fahrradfahrer, der morgens Zeitungen verteilte, hatte den Qualm bemerkt. So fing es in meinem Traum auch an. Doch ich konnte immer noch nicht das Weiß zuordnen. Ich informierte mich dann, was das auf sich haben könnte und bekam die Antwort: das Weiß stand hier nicht für die Farbe an sich, sondern als Symbol für Neu, ein neues Gebäude. Das niedergebrannte Einkaufszentrum war jenes neue Gebäude, welches mir als weißes Gebäude in meinem Traum präsentiert wurde…

Flugzeugabsturz

Ein weiterer Traum setzte mir sehr schwer zu. Während bei dem Großbrand-Traum ich nicht einmal mit verletzten Menschen gedanklich in Berührung kam, war der Traum um einen Flugzeugabsturz weitaus betrüblicher.

Es war Anfang jenes Jahres, als ich davon träumte, dass eine Passagiermaschine über dem Meer abstürzte. Ich sah die Maschine ins Meer stürzen und wie einige Zeit danach einzelne Teile des Wracks an die Oberfläche kamen. Ich spürte im Traum regelrecht die verzweifelten Menschen und ich wusste, dass es keine Überlebenden gab.
Am nächsten Morgen rief mich ein Freund an und ich berichtete ihm davon. Er selbst wollte kurz darauf nach Ägypten fliegen und machte noch Witze. Nein, es war nicht seine Maschine. Soviel möchte ich schon hier vorweg nehmen.
Ich erzählte ihm diesen Traum im Detail, beschrieb ihm die einzelnen Teile, die ich sah. Doch witzelte er nach wie vor und nahm es recht unbekümmert, meinte „Es stürzen immer wieder Maschinen ab...". Natürlich.

Auch hier vergingen ein paar Wochen. Jens flog nach Ägypten, kam heil hin und auch heil wieder zurück. Aber während seiner Abwesenheit passierte es: tatsächlich stürzte eine Passagiermaschine ins Meer, es gab keine Überlebenden.

Sie zucken die Schultern und meinen „Zufall"? Warten Sie es ab.

Zwei oder drei Tage, bevor Jens aus Ägypten wieder zurückkam, wurde über eine bekannte Nachrichten-agentur ein Filmausschnitt von der Unglücksstelle im Internet gezeigt. Dieser Filmausschnitt zeigte genau jene Teile an die Wasseroberfläche kommend, wie ich es in meinem Traum gesehen und ich es Jens einige Wochen vorher en detail beschrieben hatte. Als er den Film sah, rief er mich an. Es war einer der ganz seltenen Momente, in denen er völlig ernst und fast schon fassungslos schien, als er sagte: „So langsam machst du mir Angst."

Und jetzt kommt mein Problem, mein Zwiespalt an der ganzen Angelegenheit. Ich habe in dem Traum **nicht** gesehen, um welche Airline es sich handeln würde. Ich konnte also keinen Hinweis geben. Ich habe auch **nicht** gesehen, wann es passieren würde, welcher Flug es sein würde. Ich habe nur einen Bruchteil dieses Absturzes erlebt und diese Maschinenwrackteile an die Meeresoberfläche treibend gesehen.

Ich wusste nicht, in welchem Land es passiert, in welchem Gewässer, welche Maschine genau, welche Airline – ich wusste, DASS es passiert und doch konnte ich nichts tun, um es zu verhindern…

Defekte Bremsleitung

Es gibt und gab aber nicht immer nur verschlüsselte Träume, die ich manchmal nur sehr schwer und manchmal gar nicht entwirren konnte. Manche Traumbotschaft war auch eindeutig – so wie diese.

Ich sah meine Eltern in ihrem Auto sitzen. Beide waren warm angezogen, sodass ich die Jahreszeit vermuten konnte. Es war trocken und es lag kein Schnee, trotzdem wirkte es, als wäre kaltes klares Wetter. Ich sah meine Eltern also in ihrem alten Auto von zu Hause aus starten, sie fuhren über die Dörfer und gelangten zu einer Verbindungsstraße, welche zur Bundesstraße führte. Ich kenne diese Strecke selbst in- und auswendig und mein Traum sagte mir, dass sie auf dem Weg in die Klinik waren (meine Mutter war schwer krank und musste häufiger in die Klinik zu Kontrolluntersuchungen). Auf einmal wurde das Auto immer schneller und meinem Vater gelang es nicht, den Wagen anzuhalten. Aber er schaffte es immer wieder, gerade vorm Abkommen von der Straße einem Unfall noch auszuweichen. Das ging eine ganze Weile, bis ich dann den Wagen aus dem Blick verlor.

Ich telefonierte am nächsten Morgen mit meiner Mutter und erzählte ihr von diesem Traum. Sie wusste um meine Fähigkeiten, um meine Wahrnehmungen, beruhigte mich aber mit den Worten, dass ich mir keine Sorgen machen solle, der Wagen wäre ja gerade über den TÜV gekommen, am Auto wäre alles in Ordnung.

Eine Woche später fuhren meine Eltern eine weitere Strecke zu meinem Onkel, der eine kleine Autowerkstatt besitzt. Zwar war der Wagen über den TÜV gekommen, doch ein paar kleinere Schweißarbeiten waren notwendig und so verbanden meine Eltern das gleich mit einem Besuch bei unseren Verwandten.

Die Schweißarbeiten waren dann auch gegen frühen Abend erledigt und mein Onkel guckte auch nicht weiter auf das Auto, weil ja ansonsten – amtlich bescheinigt – alles in Ordnung sein sollte. Während meine Eltern und unsere Verwandten noch so beim Kaffee zusammensitzen, kommt mein Cousin durch die Werkstatthalle geschlendert und wirft noch im Vorbeigehen einen Blick auf den Wagen meines Vaters, der immer noch auf der Hebebühne stand und rief plötzlich: „Onkel Werner? Was ist das denn hier?"

Mein Onkel und mein Vater gingen zu dem Auto und waren ziemlich entsetzt über das, was sie sahen. Der Wagen verlor Bremsflüssigkeit, um es genauer zu sagen: es tropfte langsam der letzte Rest der Bremsflüssigkeit heraus.

Meine Eltern wären an diesem Abend nicht mehr unfallfrei nach Hause gekommen.

Sie sehen, auch wenn etwas amtlich bestätigt für gut befunden wird: horchen Sie auf Ihre innere Stimme, achten Sie auf Ihre Wahrnehmungen. Egal, wie irrsinnig es in dem Augenblick erscheint, es hat seinen Sinn.

Handy-Alarm

Ich möchte Ihnen mit diesem Traumgeschehen noch eine wirklich beeindruckende Szene schildern, die eine Klientin von mir erlebt hat: Katarina.

Lassen wir sie selbst berichten:
„Es war damals kurz vor Vollmond. Ich habe in dieser Nacht sehr unruhig geschlafen und einen sehr außergewöhnlichen Traum gehabt. Es ist andauernd ein blinkendes Handy vor mir erschienen, darauf immer dieselbe Zahlenkombination 02641. Das Handy blinkte in immer krasseren Farben, die Anzeige wurde fast schon überdimensional groß und immer leuchtender mit den Ziffern 02641. Ich erinnere mich, dass ich in dieser Nacht mehrmals schweißgebadet aufgewacht bin. Aber ganz egal, wie oft ich wieder einschlief, dieser Traum hat sich die ganze Nacht durchzogen – immer wieder das riesige Handy vor mir, das klingelte und auf dem die Zahlen 02641 zu lesen waren.
Am nächsten Morgen war ich erst einmal richtig durcheinander und aufgewühlt, der Traum ließ mich einfach nicht los. Ich habe meiner Freundin auf der Arbeit davon erzählt. Sie hat dann im Internet geguckt, um welche Vorwahl es sich möglicherweise handeln könnte. 02641 war die Vorwahl für Bau Neuenahr / Ahrweiler. Das ist ein kleines Städtchen in Rheinland Pfalz. Ich habe den ganzen Tag darüber gegrübelt, ob ich dort jemanden kenne. Doch die Gegend lag circa 100 km von mir entfernt und ich konnte mich auch nicht erinnern, schon mal dort gewesen zu sein. Dann ging

meine Überlegung in eine andere Richtung: in Bad Neuenahr – Ahrweiler gibt es ein Finanzamt. Ich bin selbst Finanzbeamtin und ich hatte den Gedanken, dass ich vielleicht beruflich dort mit jemandem zu tun haben würde. Insgesamt konnte ich es aber nicht wirklich zuordnen und die Angelegenheit irritierte mich noch eine ganze Weile, zumal ich dieses grelle Blinken schon als Bedrohung im Traum empfunden habe. Da sich aber auch die Tage darauf keine logische Erklärung dafür fand, wischte ich den Gedanken an diesen Traum erst einmal beiseite und bekam kurze Zeit später die Antwort, worauf mich dieser Traum tatsächlich hinweisen wollte.

Circa zwei Wochen später fuhr ich nachts auf der Autobahn nach Hause. Die Straße war leer, und es war richtig angenehm zu fahren. Plötzlich merkte ich, wie von hinten ein Auto auf mich zukommt – immer schneller werdend. Es überholte mich und bremste dann direkt vor mir ab, sodass ich fast aufgefahren wäre. Ich dachte nur „So ein Spinner!" und überholte dieses rote Auto, welches in provozierend langsamer Geschwindigkeit vor mir herfuhr. Daraufhin gab der Unbekannte Gas und rückte immer näher an meine Stoßstange, betätigte dabei die Lichthupe, dass ich wirklich Angst bekam. Als er mich dann erneut überholte, drängte er mich fast von der Straße. Ich konnte gerade noch einen Blick auf das Nummernschild werfen, bevor er mit Vollgas davon fuhr. Es fing mit AW an, das Kennzeichen für Bad Neuenahr / Ahrweiler! Mir blieb fast das Herz stehen vor Schreck. Die *da oben* wollten mich warnen mit dem blinkenden Handy aus jenem Traum …"

Wozu Kartendeuten doch gut sein kann

Kartendeuten hat in meinen Augen den wahren heutigen Grundgedanken für viele verloren. Leider wird immer wieder vergessen, dass die Karten schon sehr alt sind und mit dem natürlichen Fortschritt der Zeit auch die Bedeutungen der Karten sich wandeln und mehren. Die Karten sind in ihrer Anzahl nicht mehr geworden, dafür in ihren Deutungsmöglichkeiten. So hat sich für mich das Kartenlegen von der Wahrsagerei mehr in Richtung Hilfe zur Selbsthilfe entwickelt, ist eine gute Möglichkeit, angegangene Projekte zu stärken oder vor eingeschlagenen Wegen zu warnen.

Oftmals werden Kartenleger aufgrund einer bestimmten Frage kontaktiert. Doch die Karten liegen dort, wo es für den Ratsuchenden wichtig ist. Für den Fragenden mag es zum Zeitpunkt der Legung vielleicht das Thema Liebe sein, doch wenn das Universum merkt, dass es finanziell bergab geht, dann sind die Aussagen der Karten auch darauf fokussiert.

Wie Karten wirklich helfen können, das möchte ich Ihnen anhand zweier Fallbeispiele aus meiner Praxis als Kartendeuterin gerne einmal zeigen…

Der verhinderte Hauskauf

Marion machte mit mir einen Beratungstermin aus, weil sie wissen wollte, ob es in ihrer zweiten Ehe so harmonisch bleiben würde. Auch wollte sie meine Meinung zu einem Haus wissen, welches sie und ihr Mann sich kaufen wollten.

Erstaunliches tat sich auf, was sich aber durchaus auf die Partnerschaft hätte negativ auswirken können und wichtig für die Entscheidung in punkto Hauskauf war.

Wenn ich das Kartendeck ausgelegt habe, sehe ich eine mögliche gesamte Entwicklung in die Zukunft, wenn der Ratsuchende die bis zum Zeitpunkt der Legung eingeschlagenen Wege beibehalten würde. Meine Blicke huschen dann hin und her, gehen diverse Lesevarianten durch, versuchen, eine stimmige Aussage mit Erklärungen zu erfassen.

Mich hatte schon beim ersten Blick auf dieses Kartenbild fast erschreckt, dass meine Klientin und ihr Ehemann sehr weit auseinander lagen, sie in der Vergangenheit ihren Platz gefunden hatte, während er weit in der Zukunft lag. Was mich weiterhin irritierte, war, dass ihr Mann sich von dem Thema Haus mit einer Kummerkarte abwandte, die Familie lag dabei und sein Schweigen.

Gleichzeitig lag ihr Exmann mit ihr in einer Reihe, wobei für mich da zu erkennen war, dass er örtlich zwar sehr weit entfernt sein müsste, aber diese Distanz aufgehoben würde, er wieder näher zu ihr käme (örtlich gesehen).

Bei dem von ihnen angedachten Haus lag die Karte der Familie, außerdem noch negative Karten im Umfeld.

Ich sagte Marion, dass ich dieses Haus nicht empfehlen könnte, denn ich hätte dort einige negative Karten, die darauf hinweisen würden, dass sie viel Geld investieren müssten in Form von Renovierung und Sanierung. Sie lachte und meinte: „Ja, das kann gut sein. Die, die da jetzt drin wohnen, haben jahrelang nichts gemacht." Ich berichtete weiter, dass ich es aber nicht so liegen habe, dass sie und ihr neuer Mann sich dort wirklich wohl fühlen würden und ich arg irritiert wäre, weil die Karte der Familie dabei läge.

Sie stutzte und berichtete mir dann Folgendes:
Das Haus, was die beiden sich ausgesucht hatten, war das Haus, welches ihr mit ihrem ersten Mann gehörte. Im Rahmen der Scheidung musste das Haus verkauft werden und nun stünde es wieder zum Verkauf. Sie habe sich früher in dem Haus sehr wohl gefühlt und würde es gerne wieder kaufen. Und auch ihr neuer Mann wäre davon begeistert, normalerweise wären sie sich einig, dass sie genau das Haus nehmen wollten.
Auch wenn meine Klienten sich einig sind – wenn meine Karten dagegen sprechen und auch mein Gefühl mir ein klares „No!" gibt, dann gebe ich das auch so weiter. Ich lasse mich da nicht beirren, ansonsten bräuchte ich diesen Job nicht machen.

Immerhin wusste ich nun, warum die Familienkarte dort lag, denn es war einmal das Haus ihrer Familie aus erster Ehe. Wenn ich eine bestimmte Lesevariante im Kartendeck anwandte, spielte aber auch ihr Ex-Mann eine Rolle in dem Geschehen.

Sie berichtete mir, dass ihr Ex-Mann in der Schweiz leben würde (aha, die örtliche Entfernung). Ich sagte „Okay, die Distanz habe ich hier auch, aber der Mann kommt nach Deutschland zurück und ich habe ihn dann sehr nahe an dem Haus liegen, welches Sie kaufen wollen."

Marion klärte mich dann darüber auf, dass ihr Ex-Mann vor diesem Haus noch ein Grundstück hätte, auf welchem sein vermietetes Haus stünde.

Nun wurde mir einiges an dem Kartenbild klar. Um es kurz zu machen:
Ich riet Marion, sich mit ihrem Ehemann darüber zu beraten, ob sie wirklich dieses Haus kaufen wollten, für mich gäbe es da etwas, was er ihr noch nicht berichtet hätte. Wenn sie sich dafür entscheiden würden, müsste ich ihr aber gleich sagen, dass das Haus nicht nur viel Geld kosten, sondern auch ihre Ehe darunter leiden würde und es für mich zur Trennung käme.

Sie war ein wenig geschockt, wirkte auf einmal sehr distanziert, als ich ihr das sagte und meinte noch einmal, dass sie und ihr Mann darüber gesprochen hätten und sich einig seien, er in keinster Weise dagegen wäre. Doch ich blieb da unnachgiebig.

Es vergingen nur drei Tage, da erreichte mich eine e-Mail von Marion. In der ersten Zeile stand etwas von „Ich bin dir so dankbar, du hast uns vor einem großen Fehler bewahrt..." und weiter im Text: sie hätte mit ihrem Ehemann gesprochen. In der Tat hätte er vor einigen

Nächten einen regelrechten Albtraum gehabt. Sie wären in dieses Haus gezogen und unmittelbar danach wäre ihr Ex-Mann nach Deutschland zurückgekehrt und pausenlos hätte es Streit gegeben. Seit jener Nacht hatte er in Frage gestellt, ob sie dort wirklich glücklich sein würden...

Nun, liebe Leserinnen und Leser, was lernen wir daraus?

1) Die Karten liegen immer so, wie es wichtig ist und nicht so, wie der Ratsuchende mit seinem Denken drauf beharrt.

2) Hier wurden 45 € investiert, dafür an die 150.000,- € gespart – ich denke, der Einsatz hat sich gelohnt. Immerhin wurde auch noch die Ehe gerettet.

3) Karten geben Prognosen und Hinweise. Marion hat sich entschieden, den Empfehlungen zu folgen und konnte den sich so ankündigenden negativen Tendenzen ausweichen.

Geliebter vs. Ehemann

Dieser Fall hat mich sehr berührt. Obwohl ich die betroffenen Personen nicht persönlich kannte, sondern nur die Ratsuchende in einem Kontakt kennen lernte, spürte ich über das Kartenbild ganz viel Traurigkeit.

Die Klientin suchte mich ein erstes Mal auf. Ich schaute mir das Kartendeck an und heraus kam, dass ihre langjährige Ehe leider viel zu ruhig war, sie selbst war eine Frau, die gerne etwas unternimmt, hinaus in die Welt möchte, während ihr Ehemann mehr der Stubenhocker war. Sie hatte es aufgegeben, ihn immer und immer wieder zu fragen und war so ihre weiteren Wege gegangen, hatte darüber einen Mann kennen gelernt, zu dem sie erst ein freundschaftliches und dann auch sexuelles Verhältnis unterhielt. Wir waren uns beide einige, dass sie diesen Nebenbuhler aber nicht liebte, sondern ihre Liebe nach wie vor bei ihrem Ehemann lag. Weiterhin waren wir uns auch darüber einig, dass sie nicht ihren Mann verlassen würde, aber diesen anderen Mann würde sie so schnell auch nicht aufgeben wollen.

Am Ende dieser ersten Legung sagte ich ihr, dass jedoch etwas geschehen würde, was ihre Sichtweise ändern täte und sie würde sich gegen diesen Geliebten entscheiden.
Sie lächelte und verabschiedete sich mit einem „Abwarten".

Ungefähr ein ¾ Jahr später kontaktierte sie mich erneut und fragte mich, ob ich ihr eine Halbjahresprognose erstellen würde. Ich willigte ein. Wir machten einen Termin aus, in welchem sie die Karten zog und ich machte mich an die Ausarbeitung ihrer Halbjahresprognose und diese durchzog, ganz egal, ob ich auf die Ehe, das Haus, den Beruf, ihre Hobbys etc. schaute, immer nur ein Thema: wenn sie sich für den Geliebten entscheiden würde, hätte sie arge Einbußen zu erleiden.

Außerdem sah ich nun auch den Grund aus der ersten Legung, in welcher ich ihr gesagt hatte, sie würde sich anders entscheiden – nämlich für ihren Mann – ganz klar im Kartenbild liegen.

Bei ihrem Mann lag die Krankheit und die Behinderung, weitere Karten ließen mich vermuten, dass er sich nicht richtig ausdrücken konnte, er hatte etwas Kindliches bei sich und meine innere Stimme sagte auf einmal: er hatte einen Schlaganfall.

Ich war mir so sicher und fragte auch nicht nach, sondern arbeitete diese Prognose weiter aus.

Es kam heraus, dass sie sich auf einmal zu ihrem Mann sehr hingezogen fühlte, sich an die früheren schönen Zeiten voller gemeinsamer Unternehmungen erinnert fühlte. Auch lag in dieser Prognose ganz klar drin: wenn sie sich gegen ihren Mann und für diesen Nebenbuhler entscheiden würde, würde sie alles verlieren, denn das Verhältnis käme ans Tageslicht, die Familie würde sich abwenden, auch ihre Kinder, der Ehemann sowieso, das Haus würde sie verlieren, Freunde sich von ihr abgrenzen usw.

Meine Klientin holte nach einer Woche ihre Halbjahresprognose ab. Bevor ich sie ihr aushändigte, fragte ich sie, ob ihr Mann einen Schlaganfall gehabt hätte. Sie schaute mich erstaunt an und bejahte diese Frage. Ich übergab ihr die Halbjahresprognose mit den Worten „Dann nehmen Sie dieses jetzt mit und lesen es sich in aller Ruhe durch, auch zweimal oder dreimal. Und treffen dann bitte die für sich richtige Entscheidung."

Meine Klientin schrieb mir circa eine Woche später eine e-Mail. Sie berichtete mir darin, dass sie schon nach dem ersten Lesen sofort ihr Verhältnis beendet habe und seitdem wüsste, wo ihr Platz ist – unabhängig vom Materiellen. Sie liebte ihren Ehemann und sie würden das gemeinsam durchstehen und, soweit es ginge, noch einmal neu anfangen, an ihrem Leben etwas ändern.

Ich gebe zu, dieser Fall ist einer, der mich tief berührt hat und viel Dankbarkeit in mir auslöste, dass ich hier zwei Herzen, die doch schon so viele Jahre füreinander schlugen, wieder zusammenführen konnte und gleichzeitig auch damit das Glück einer Familie aufrechterhalten wurde.

In Zeiten wie diesen habe ich großen Respekt vor meinen Karten und schicke ein tiefes Dankeschön ans Universum, dass es mir die Möglichkeit gibt, in dieser Form helfen zu dürfen.

IN DER BEWEISPFLICHT

Dieses Erlebnis ist eine ganz klare *Antwort von oben*, um die ich auch gebeten hatte, denn ich wusste mir nicht weiter zu helfen, sah keinen Weg, wie ich einem Vorwurf entgegentreten konnte.

Der Vorwurf kam von meinem Ex-Partner bzw. dessen Anwalt.

Mein Ex war seinerzeit mit Nichts bei mir eingezogen, hatte nur seine persönlichen Sachen mitgebracht, alle Möbel waren in einer anderen Wohnung verblieben, wo er ursprünglich hinziehen wollte. Er war dann bei mir eingezogen und nach drei Jahren war es endgültig aus. Nach der beschlossenen Trennung hatte mein Ex noch einige Zeit bei mir gewohnt und allerlei Bestellungen bei einem Versandhaus getätigt, immerhin brauchte er für sein neues Zuhause Möbel und einiges mehr. All das nahm er auch brav mit und kam auch einen Monat danach noch bei mir vorbei, um Nachlieferungen abzuholen. Ein halbes Jahr später klingelte er erneut bei mir, weil er mit den Zahlungen ins Stocken kam und bat mich, ob ich ihm helfen könnte, einen Stundungsplan auszufüllen. Kein Problem, denn wir waren freundschaftlich auseinander gegangen und mein Ex war nicht der Größte, wenn es darum ging, sich um Formalitäten zu kümmern. Ich half ihm dabei, er unterschrieb das Ganze und schickte es ab.

Jahre später erreichte mich ein Schreiben seines Anwalts, dass ich die Bestellungen getätigt hätte und gefälligst auch zahlen sollte. Es ging einige Zeit hin und her, aber letzten Endes hatte auch sein Anwalt eingesehen, dass er hier einem ziemlichen Irrtum unterlag und sein Mandant allein dafür verantwortlich war. Doch jener kümmerte sich auch in der Folge nicht darum und schließlich kam es seitens des Versandhauses zur Klage vorm Amtsgericht, in welcher ich als so genannte Streitverkündete mit einbezogen wurde.

U. a. behauptete mein Ex, dass er im Monat Oktober schon gar nicht mehr bei mir gewohnt habe, sodass gar nicht er, sondern ich die Sachen bestellt und entgegengenommen hätte, er wäre schon im September ausgezogen. Ich stritt dieses ab und wollte es auch beweisen, denn ich fand diese Anschuldigung nicht nur ziemlich heftig, sondern ich war mir auch 100%ig sicher, dass er im Oktober 2004 noch bei mir gewohnt hatte. Dieses vor allen Dingen deshalb, weil wir am 9. Oktober noch bei gemeinsamen Freunden zum Geburtstag deren Tochter waren und ich selbst am darauf folgenden Tag Geburtstag hatte und ich mich noch genau daran erinnern konnte, wie er mir im Vorbeigehen ein mürrisches „Alles Gute!" an den Kopf war.

Also saß ich in meinen vier Wänden und fragte mich, wie ich es beweisen könnte, dass er im Oktober noch bei mir gewohnt hatte. Und plötzlich kam diese Eingebung „Telefon-Einzelnachweis!" in meinen Kopf geschossen. Doch genau jenen schüttelte ich heftig und gab ein „Unmöglich!" nach oben zurück.

Grund war folgender:
Ich bekam früher von der Telefongesellschaft mit der Rechnung immer einen Einzelverbindungsnachweis. Wenn der für mich okay und die Rechnungssumme stimmig war, zerriss ich den Einzelnachweis und überwies den Betrag. Dieses Verhalten ließ also meine Schlussfolgerung zu, dass ich definitiv keinen Einzelnachweis mehr hätte.

Doch diese innere Stimme wurde immer hartnäckiger, fast schon wütend. Als ich abends einschlief, war der letzte Gedanke „Telefon-Einzelnachweis!" – und es war auch der erste Gedanke beim Aufwachen am nächsten Morgen.
Ich sagte dem Universum den Kampf an.

„Okay, ihr da oben, ihr habt gewonnen. Ich gehe jetzt in die Garage und wühle die alten Papiere raus. Und wehe da ist kein Einzelverbindungsnachweis, dann kriegt ihr echt Probleme!" Genervt marschierte ich in die Garage, suchte in meinen Papieren und fand die alten Telefonrechnungen aus dem Jahr 2004 (immerhin war es schon Sommer 2007, als ich zu suchen begann). Ich kramte die alten Rechnungen weiter durch. An keiner einzigen war ein Einzelnachweis geklammert. Wusste ich es doch!

Und wieder kam das energische „Telefon-Einzelnachweis!" durch meinen Kopf geschossen. Ich suchte also weiter nach der Rechnung vom 02.11.2004, welche die Gespräche vom Oktober 2004 enthielt.

Bekommen Sie eine Gänsehaut? Ich bekam sie und bekomme sie noch heute, wenn ich daran denke.

Es hing an dieser Rechnung eine einzige Seite – nämlich Seite 2 von 2 – der Einzelnachweis! Und auf diesem Nachweis waren fast ausschließlich Nummern von Leuten festgehalten, die nur mein Ex kannte und auch die Nummer des Mannes, von dem er sich einen Umzugswagen geliehen hatte, war dort verzeichnet und auch von jenem anderen Mann, der ihm beim Umzug half.
Ich konnte also beweisen, dass er im Oktober noch bei mir gewohnt hatte und nicht schon im September ausgezogen war, wie von ihm fälschlicherweise behauptet.

Wissen Sie, was aber am Erstaunlichsten an dieser Sache ist? Dass irgendeine Kraft *da oben* bereits im November 2004 „mitgedacht" und mich dazu veranlasst hat, diesen Einzelnachweis aufzuheben, wo ich doch alle anderen vernichtet hatte – sowohl die davor als auch die nachfolgenden. Aus irgendeinem Grund hatte ich diesen einzigen aufbewahrt.

Halten wir also fest: Wenn Sie *die da oben* um eine Antwort bitten, dann nehmen Sie auch jene an, die Ihnen präsentiert wird und lassen das Diskutieren. Wenn eine Antwort kommt, ist sie passend. Darauf können Sie sich verlassen!

HIMMLISCHE HILFESTELLUNG

Glauben Sie ja nicht, dass Sie das Universum nur dann um Hilfe bitten dürfen, wenn Sie schon die Klageschrift im Briefkasten haben. Im Gegenteil!

Lassen Sie sich auch bei Kleinigkeiten helfen, bitten Sie um Hilfe und vertrauen Sie darauf, dass sie auch kommt. Aber hören und schauen Sie auch genau hin, damit diese Hilfe nicht ungeachtet an Ihnen vorüber zieht. Und wundern Sie sich nicht, wenn Sie das eine nicht bekommen, dafür etwas anderes, was viel wertvoller ist. Aber wundern Sie sich auch nicht, wenn Sie etwas bekommen, worauf Sie gerne hätten verzichten mögen.

Ich spreche in Rätseln? Dann lesen Sie weiter, ich löse es gerne für Sie auf…

Die 5-Sekunden-Verzögerung

Was ich in diesem Fall bekommen wollte, waren nur ein paar Sekunden. Ich war in Zeitdruck, wollte los, damit ich pünktlich zu einer Verabredung kam. Leider hatte und habe ich die Unsitte an mir, dass wenn ich Grundstücke verlasse, die Pforte oft nur hinter mir herziehe, aber nicht schließe. Das ist etwas, was meine Mutter immer belächelt hat, meinen Vater aber echt auf die Palme bringen konnte, weil er dann selbst zur Pforte marschieren und diese schließen musste.

Ich verabschiedete mich von meinen Eltern, ging Richtung Gartenpforte, zog sie nur halbwegs hinter mir zu – wie üblich – und wollte schon ins Auto einsteigen, als mein Vater konsequent darauf beharrte, dass ich kehrt machen sollte, um diese „verdammte Pforte!" (seine Worte) zu schließen. Zähneknirschend tat ich wie mir geheißen, um dann ins Auto zu steigen und nach Hause zu fahren. Dabei fuhr ich von Dorf A nach Dorf B über eine Strecke, die auf und ab ging, wie in einem Karussell auf dem Jahrmarkt, man konnte entsprechend den Gegenverkehr auch nicht einsehen, Überholen war einfach unmöglich auf dieser Strecke.

Doch gibt es ja immer wieder lebensmüde Mitmenschen, die meinen, selbst auf solchen Strecken nicht nur mit überhöhter Geschwindigkeit fahren, sondern auch noch überholen zu müssen. Ein solcher kam mir an diesem Tag auf meinem Nachhauseweg entgegen. Während ich gerade einer dieser Ansteigungen hinauffuhr, überholte auf der anderen Seite jemand im Gegenverkehr. Wir „trafen" uns auf der Anhöhe und während ich mit aller Kraft in die Bremse trat, konnte er gerade noch nach rechts herüberziehen. Uns trennten Millimeter.

Hier hatte das Universum auf seine ganz eigene Weise geholfen: es hatte meinen hastigen Aufbruch bei meinen Eltern gestoppt – um nur wenige Sekunden, doch genau diese wenigen Sekunden haben a) Schlimmeres verhindert und b) dafür gesorgt, dass ich **überhaupt** zu Hause ankam.

Das Universum hat mir also nicht die Sekunden geschenkt, die ich dummerweise haben wollte in dem Irrglauben, dadurch pünktlicher nach Hause zu kommen. Im Gegenteil: hätte ich mich dem beharrlichen „Mach diese verdammte Pforte zu!" widersetzt, wäre ich an diesem Abend überhaupt nicht mehr zu Hause angekommen...

Wenn Sie also mal das Gefühl haben von „Wieso ist das heute anders als all die ganzen Jahre?", etwas Gewohntes plötzlich verschoben wird, eine andere Richtung erhält – dann folgen Sie dieser Richtung. Vielleicht ist es nicht immer so gravierend, dass es gleich Leben rettet, doch fragen Sie nicht warum, vertrauen Sie darauf, dass es seine Richtigkeit hat.

Freier Parkplatz

Natürlich sind nicht immer alle Hilfen so schweren Inhalts wie das vorhergehende Erlebnis. Um *Hilfe von oben* zu bitten kann auch die kleinsten Alltäglichkeiten betreffen, wie die beliebte Parkplatzsuche.

Ich habe einige Monate bei einer Bekannten gewohnt, ihrerseits Hausbesitzerin eines Reihenhauses. Vor diesen Reihenhäusern konnte man direkt an der Straße parken – ich muss mich korrigieren: **könnte** man. Dummerweise parkten dort auch immer Krankenhausbesucher des unmittelbar daneben liegenden Krankenhauses, die keinen Euro für den Krankenhaus eigenen Parkplatz investieren wollten. Da es vor dem Haus aber kein privater, sondern öffentlicher Parkraum war, konnten die Hausbewohner nichts dagegen unternehmen. Ärgerlich wurde es immer dann, wenn man vom Einkaufen kam und endlose Wege mit dem Schleppen der Tragetaschen und Einkaufskörbe zubringen musste.

So erging es mir schon die letzten vier bis sechs Wochen. Ich bat auf jedem Nachhauseweg darum, dass man mir bitte einen Parkplatz *beim* Haus freihalten möge. Den bekam ich auch, aber immer noch so weit entfernt, dass ich mehrmals hin und her laufen musste, meine Arme lang und länger wurden und meistens noch das Glück hatte, dass es regnete.

An einem weiteren Freitag war ich persönlich schon den ganzen Tag angenervt, zudem regnete es mal wieder.

Schon als ich losfuhr, quetschte sich ein anderes Auto in meine Parklücke und mir war eigentlich schon völlig klar, dass ich wieder irgendwo im Nirwana würde parken müssen.

Während ich die letzten Wochen noch um einen Parkplatz lieblich säuselnd gebeten hatte, wurde meine Ansage dieses Mal klarer.

„Alles klar, ihr da oben. Jetzt hört mir mal genau zu: ihr wollt, dass ich an euch glaube, ihr wollt, dass ich euch vertraue. Ich soll anderen Menschen Vertrauen und Glauben predigen und selbst lasst ihr mich immer im Regen stehen! Wenn ich jetzt nicht einen Parkplatz direkt vorm Eingangsbereich bekomme, dann ist endgültig Schluss mit Glaube und Vertrauen! Verstanden?!"

Ich war wirklich zornig und mich hätte es gar nicht gewundert, wenn sich plötzlich noch ein Wasserrohrbruch aufgetan hätte und ich zur Strafe für mein Gemotze 2 km weiter weg hätte parken müssen.

Ich fuhr also die Straße hinunter, in den Kreisverkehr hinein und traute meinen Augen nicht: die gesamte (!!!) Straße vor dem Haus war frei, kein einziges Auto parkte dort, alle verschwunden. Ich konnte direkt vor der Tür parken und brauchte nur 5 Meter gehen, um die Sachen vom Auto direkt ins Haus zu bringen.

Mit einem breiten Grinsen und zwinkernden „Na geht doch!" habe ich mich bei denen *da oben* bedankt...

Im Schnee stecken geblieben

Als meine Mutter starb, hatte ich es mir zur Gewohnheit gemacht, jeden Samstag zum Friedhof zu fahren. Ich brauchte damals einfach diese „Zweisamkeit", das Gefühl, nicht ins Leere zu reden. Es war ein wichtiger Ort für mich, heute hat sich das gewandelt. Aber damals war der Schmerz einfach noch zu groß und es war mir völlig egal, welch ein Wetter herrschte, jeden Samstag machte ich mich auf den Weg zum Friedhof. So auch in jenem Winter.

Man muss dazu wissen, dass man von zwei Seiten an den Friedhof heran kam. Die Straße, die zu der Seite lag, welche ich gerne nutzte, war „Nur für Besucher des Friedhofs" frei, weil ein Stückchen weiter gerade eine Großbaustelle war, es dort kein Weiterkommen gab.
In der Nacht von Freitag auf Samstag hatte es kräftig geschneit, trotzdem machte ich mich auf den Weg. Logischerweise war die Stelle nicht gestreut, geschweige denn, dass der Schnee dort geräumt gewesen wäre.

Als ich die Landstraße in Richtung des Friedhofs fuhr, sah ich schon die Bescherung und überlegte für einen Moment, doch die andere Seite zu nutzen. Aber ich tat es nicht. In Schrittgeschwindigkeit fuhr ich durch den Schnee, bog vorsichtig links ab, fuhr auf den zugeschneiten Sandparkplatz – und blieb stecken. Ich versuchte noch, mich aus dieser festgefahrenen Lage zu befreien, doch das einzige, was passierte, war, dass es unter den Reifen immer rutschiger vor und ich nicht wirklich von der Stelle kam.

Einige Jahre zuvor hätte das sicherlich in mir ein Panikgefühl ausgelöst, doch mittlerweile können mich gewisse Situationen nicht mehr erschüttern. Ich stieg aus und versackte erst einmal bis über die Knöchel im Schnee. Während ich noch das Auto abschloss, gab ich in Gedanken *nach oben* so etwas ab wie „Na, da lasst euch mal was einfallen, wie ich hier wieder raus komme!" und machte mich auf den Weg zum Grab meiner Mutter.

Als ich wieder zurück zum Parkplatz ging, schaut ich kurz gen Himmel und sandte ein „Dann zeigt mal, was ihr könnt!" nach oben – und *sie* haben sich voll ins Zeugs gelegt:

Seelenruhig stieg ich wieder ins Auto, startete den Motor und fuhr vorsichtig an. Als wenn niemals Schnee gelegen hätte, der Wagen niemals festgefahren wäre, setzte ich ein klein wenig zurück (wobei es wirklich nur Zentimeter waren), schaltete den ersten Gang ein und fuhr erneut vorsichtig an – und der Wagen ließ sich lenken und langsam Richtung Straße fahren. Dort schaffte ich es, in meine alte Spur, die ich im Schnee hinterlassen hatte, zu kommen und in Schrittgeschwindigkeit aus dieser verschneiten Ecke herauszukommen.

Es war einfach unglaublich! Vor allen Dingen aus zwei weiteren Gründen: zum einen hatte ich Sommerreifen drauf und der Schnee war mehr als knöchelhoch und zum anderen war mein Tank nahezu komplett leer. Ich hätte gar nicht mehr genug Sprit im Tank gehabt, um dort noch endlos mit dem Wagen zu rangieren. Im Gegenteil: ich schaffte es mit dieser Tankfüllung gerade noch zur nächsten Tankstelle.

Nicht jede Story muss mit einem Staunen enden, bei dieser sollen Sie ruhig auch ein wenig lachen.
Mein Vater war am selben Tag in der Stadt gewesen, musste die gleiche Strecke fahren wie ich und ist dort abgebogen, wo ich noch munter geradeaus gefahren bin. Als wir am Abend telefonierten meinte er: „Ja sag mal: als du heute Vormittag in Wahlstedt warst, hast du da auch die Spuren im Schnee beim Friedhof gesehen? Welcher Idiot fährt denn durch den dicken Schnee?! Der müsste bis zum Frühjahr stecken bleiben! So was Dummes!"

Ähm … also Paps, ich weiß, die Erklärung kommt spät, aber sie kommt: Der Idiot war ich – deine Tochter. Aber bis zum Frühjahr wollte mich das Universum da nicht versauern lassen …

Motorschaden

Ich habe Ihnen ja bereits erklärt, dass nicht immer nur die guten Dinge geschehen. Wenn wir etwas mit unserer gedanklichen Energie füllen, manifestieren sich auch die Träumereien, wie wir sie so nun wirklich nicht wollen. Ich erinnere dabei nur noch einmal an meinen Wunsch vom Cabrio. Ähnlich war es in diesem Fall, lange vor meinem Cabrio.

Ich fuhr schon einige Jahre mein heiß geliebtes Auto. Ab und an kam mal der Gedanke daran hoch, mir ein Neues zu leisten, doch solang mein Vehikel mich noch von A nach B brachte, erfüllte er seinen Zweck. Nichtsdestotrotz fuhr ich einige Mal morgens, bevor mich mein Weg in die Klinik führte, an einer Autowerkstatt vorbei, die meine Automarke als Händler vertrat, und schielte ein wenig im Vorbeifahren in die Schaufenster. Das ging einige Wochen so, bis ich dann auch noch die Zeitung aufschlug und dort von einer Art „Tag der offenen Tür" in jenem Autohaus las. Mit einem Bild wurde der Besitzer der Autowerkstatt vorgestellt und ich fand diesen Mann von Anfang an absolut interessant und wollte ihn unbedingt kennen lernen. Aber wie?

Der „Tag der offenen Tür" zog ins Land, das Autohaus war proppevoll, den Gang dorthin sparte ich mir an jenem Tag. Stattdessen fuhr ich weiterhin auch die nächsten Wochen, sofern meine Zeit es erlaubte, morgens auf dem Weg zur Arbeit an diesem Autohaus vorbei – und blieb dann eines Morgens keine 50 Meter von genau diesem Autohaus entfernt mit meinem Wagen liegen. Na klasse!

Ich marschierte den Weg zu Fuß zurück und wartete vor dem Autohaus, dass mal einer der dortigen Mitarbeiter erscheinen möge. Nahezu eine halbe Stunde später kam dann auch ein Auto um die Ecke gebogen: der Chef des Hauses höchstpersönlich, genau jener, den ich so gerne kennen lernen wollte.

Um die Geschichte hier abzukürzen:

1) Dieses Kennen lernen hat mich mehrere tausend DM gekostet, denn mein Auto hatte Motorschaden.

2) Mit dem dann gekauften Wagen hatte ich mehr Pech als alles andere im Leben, ich war Stammkunde in dieser Werkstatt und bekam langsam die Krise – wie wohl auch die dortigen Mitarbeiter und Inhaber.

3) Das Kennen lernen war zwar nett und auch ein wenig von Flirtlaune begleitet, doch weitere Umstände führten zu den verrücktesten Missverständnissen.

Das Universum hatte mir getreu dem Motto „2 für 1" gleich zwei meiner Wünsche erfüllt – nämlich ein neues Auto und das Kennen lernen, doch weder das eine noch das andere brachte mir Glück.

Wenn auch Sie solche oder ähnliche Wünsche haben, dann können Sie zwar dem Universum das *Wie?* überlassen, aber erklären sie *denen da oben* ganz klar, dass es bitte rein positiv sein soll, Sie auf Motorschaden und verrückte Geschichten gerne verzichten und alles in allem die ganze Angelegenheit, wenn denn überhaupt, allenfalls Geld bringen soll, anstatt Kosten zu verursachen.

Und überhaupt: wenn das Universum meint, der Wunsch an sich ist ohnehin überflüssig und bringt nur Kummer, mögen sie Ihnen das bitte auf irgendeine Weise zeigen und für etwas Besseres sorgen.

Ja, ja, ist gar nicht so einfach mit dem *richtigen Wünschen,* aber Übung soll ja den Meister machen.

Im Stau

Eine weitere kleinere Hilfe war, ähnlich wie die Suche nach einem freien Parkplatz, der Stau auf der A7 vor dem Elbtunnel.

Ab und an fuhren mein Vater und ich am Wochenende zu unseren Verwandten nach Hamburg, insbesondere sehr häufig nach dem Tod meiner Mutter. Es brachte uns auf andere Gedanken, lenkte von der Trauer ab. Entweder gingen wir dann alle zusammen essen oder – so wie an diesem Samstag – meine Tante kochte.

Obwohl Winterzeit, schien herrlich die Sonne, die Straßen waren frei und irgendwie hatte man das Gefühl, ganz Norddeutschland sei auf den Beinen und Richtung Hamburg unterwegs. Es kam, was kommen musste: ein Stau. Alle Spuren komplett dicht, kilometerlang ging gar nichts mehr. Dabei brauchten wir doch nur noch durch den Elbtunnel und dann gleich die nächste Abfahrt runter.

Einige Minuten tat sich nichts, dann wurde mein Vater langsam ungeduldig. Es gibt wenige Dinge, die mein Vater überhaupt nicht ausstehen kann, Staus gehören zweifelsohne dazu.

Das war zu viel. Ein quengelnder Vater auf dem Beifahrersitz, Grünkohl, der auf Hochtouren bei meiner Tante in den Töpfen dampfte, mein Onkel, der wohl schon missmutig auf dem Balkon in der 8. Etage stand

und Ausschau hielt, wo wir denn abbleiben würden, 1000 Erklärungen und Entschuldigungen, warum wir weshalb wieso nicht pünktlich sein konnten – und immer noch mein Vater, der mehr und mehr von seiner Ungeduld preisgab und auf die „Kachelzähler im Elbtunnel" schimpfte, die sicherlich mal wieder Schuld daran wären, dass wir nun im Stau standen.
Hilfeeeeeeeeeeeeee!

Mein Blick ging kurz durchs Sonnendach Richtung Himmel und ich sandte ein Stoßgebet ab: „Bitte, löst diesen Stau auf – jetzt sofort. Danke!"

Und das Wunder geschah. Natürlich haben sich die Autos vor uns nicht in Luft aufgelöst. Aber auf einmal fingen all die Autos wieder an zu rollen und binnen kürzester Zeit war dieser Stau aufgelöst. Ich zuckte die Schultern und meinte „Na das soll einer verstehen. Warum stehen hier tausend Autos und auf einmal ist, als wäre nie was gewesen?"
„Sag ich doch", kam es von der Beifahrerseite, „typisch Kachelzähler!"

Wer auch immer den Stau ausgelöst hatte, meinem Stoßgebet folgte ein Dankeschön – wir kamen pünktlich zum Essen an. Was will man mehr? Das Leben kann so schön sein!

JENSEITSKONTAKTE

Kaum ein Thema der Spiritualität und Esoterik beschäftigt die Menschen so sehr wie die Möglichkeit, Kontakt zu Verstorbenen aufzunehmen. Ich bin mir gar nicht mal so sicher, ob die Verstorbenen das überhaupt immer möchten. Vielmehr habe ich die persönliche Erfahrung gemacht, dass es eher umgekehrt war, sprich: die Seelen der Verstorbenen haben zu mir den Kontakt gesucht.

Auch das ist nicht etwas, was täglich passiert oder mit einer gewissen Regelmäßigkeit. Nein. Gerne nehme ich die Hilfe der geistigen Welt an, doch habe ich auch Respekt vor ihnen. Die Verstorbenen befinden sich auf einer anderen Ebene und haben sich räumlich von uns distanziert. Das haben wir hier unten auf der Erde zu respektieren. Sie möchten ja sicherlich auch, dass man Sie in Ihren vier Wänden in Ruhe lässt, Ihre Privat- und Intimsphäre respektiert und nicht pausenlos jemand störend durch ihre Zimmer rennt. So ungefähr ist es auch mit den Seelen der Verstorbenen.

Leider haben wir Menschen immer das Gefühl, dass die Verstorbenen ganz furchtbar leiden, traurig sind, nicht mehr bei uns zu sein. Auch ich habe lange Zeit so gedacht, dass doch zumindest der eine oder andere traurig sein müsste, vor allen Dingen dann, wenn man unverhofft aus dem Leben gerissen wird, wie z.B. infolge eines Unfalls. Sicherlich ist der Schock für alle

Beteiligten groß und ich könnte mir auch gut vorstellen, dass auch der Betroffene gerne wieder *zurück* möchte. Doch am Traurigsten stimmt es den Verstorbenen nicht, dass er nicht mehr *da* ist, sondern, dass die Angehörigen nicht ihren Seelenfrieden auf Erden finden.

Ich habe viele Jahre in verschiedenen Bereichen von Kliniken gearbeitet. Ich erinnere mich da an eine Situation, als ein Patient direkt vor mir einen Herzinfarkt erlitt. Sein Gesichtsausdruck war voller Schmerz, Pfleger und Krankenschwestern eilten mit einer Trage herbei und ein Assistenzarzt, der gerade auf dem Weg in den Feierabend war, ließ alles fallen und begann, den Patienten zu reanimieren. Und dann geschah etwas *Wunderbares*, denn der eben noch schmerzvolle Gesichtsausdruck wurde auf einmal ganz weich und der Mann vermittelte das Gefühl, als würde er lächeln. Eine regelrechte Erleichterung war spürbar. Er war gestorben.

Als meine Großmutter in ihrem Zuhause verstarb, kam der Hausarzt, um ihren Tod festzustellen. Trotz dem er ein junger, moderner Arzt war, öffnete er als erstes das Fenster im Wohnzimmer. Er musste unsere fragenden Blicke bemerkt haben und erklärte: „Ich habe da so meine eigene Einstellung. Für mich gibt es ein Leben nach dem Tod, nur die Seele entweicht dem Körper. Damit sie aber ihren Weg finden kann, sollte man nach dem Versterben immer ein Fenster öffnen."
Ich habe diese Sätze lange in mir getragen; drei prägende Situationen haben diese Worte dann wieder in mir klingen lassen.

Über meinen späteren (und heutigen Ex-) Partner lernte ich einige neue Leute kennen, zu ihnen gehörte auch Luna, ihrerseits von der Herkunftsfamilie Spanierin, die seit vielen Jahren aber mit einem Deutschen verheiratet war und auch in Deutschland wohnte. Bei einem geselligen Beisammensein wollte Luna das WC der Gastgeber nutzen. Sie ging ins Haus und kam kurz darauf leicht verstört zurück und erklärte: „Da gehe ich nicht alleine rein. Da schwebt eine tote Seele."

Die Stimmung, die danach ausbrach, war recht unterschiedlich, ein bunter Mix zwischen Lachen und Staunen. Doch Luna war dermaßen blass, dass wir sofort wussten, sie macht keine Scherze. In der Tat klärten uns dann die Gastgeber auf: vor wenigen Jahren war der (Schwieger-) Vater verstorben, der mit im Haus gelebt hatte, und zwar zu Hause. Beide erzählten, dass sie seitdem ohnehin das Gefühl hätten, es würde manchmal bei ihnen *spuken*, aber sie wüssten ja, wer es wäre und hätten von daher kein Problem damit.
Aha. So einfach also. Ich gebe zu, nicht alle wurden durch diese Erklärung wirklich überzeugt und nur wenige suchten an diesem und auch zu weiteren feierlichen Anlässen noch das WC auf.

Mit Luna verbindet mich bis heute noch eine sehr schöne Freundschaft. Ich besuchte sie im Jahr 2007 in ihrer neuen Wohnung, nachdem sie sich von ihrem Mann getrennt hatte. Sie hörte sich an, was ich so mache, womit ich mich beschäftige und taute dann langsam auf und vertraute mir an, dass auch sie sich für *solche Themen* interessieren würde. Ihre Mutter war ebenfalls einige Monate zuvor verstorben und sie hätte das Gefühl, sie manchmal zu sehen, was ihr Angst machen würde. Ich erklärte ihr, dass sie keine Angst zu haben bräuchte, denn ihre Mutter möchte ihr nichts tun, doch sie spürt, dass ihre Tochter sehr traurig ist und viele Fragen hat. Ich wusste in dem Moment gar nicht, woher ich dieses „Wissen" nahm, es war einfach in meinen Gedanken. Daraufhin erzählte Luna mir, dass ihre Mutter unter sehr mysteriösen Umständen gestorben sei, eigentlich bis heute nicht klar sei, ob ihr eventuell noch hätte geholfen werden können. Ich empfahl ihr, mit ihrer Mutter zu reden, einfach so, nicht erst, wenn sie das Gefühl hätte, sie wäre anwesend. Sie sollte ihr mental erklären, dass sie noch nicht so weit sei, sich fürchtet.

Circa zwei Wochen nach meinem Besuch rief Luna mich an. Sie berichtete mir, dass sie sich erst gar nicht getraut habe, mit mir oder sonst jemanden darüber zu sprechen, doch musste sie es loswerden. Als ich an jenem Abend wegfuhr und ihre Tochter heim kam, erzählte sie ihr von meinem Besuch. Die beiden saßen dabei im Wohnzimmer und tranken Tee – als plötzlich im Zimmer der Tochter der Fernseher anging.

Ähnliches hatte ich auch schon erlebt, als in meinem damaligen Haus nachts plötzlich das Licht anging. Egal, wie sehr ich mich mit dieser Thematik beschäftige, solche Dinge jagen mir auch heute noch einen Heidenschrecken ein, womit ich nicht umgehen kann. Das habe ich *denen da oben* dann auch bei Gelegenheit nett, aber bestimmt erklärt – seitdem ist Ende mit den Spielchen an

irgendwelchen Schaltern irgendwelcher Geräte.
Luna tat es mir gleich und hat seitdem ebenfalls ihre Ruhe.

Während meiner Zeit in der Pathologie ereignete sich Folgendes:
Ein Mitglied eines *fahrenden Volkes* (ich weiß heute nicht mehr genau, um welches es sich handelt, möchte hier auch nicht irgendjemanden nennen, sondern sage jetzt einfach mal *fahrendes Volk*) verstarb in dem Klinikum, zu dessen Einrichtungen auch die Pathologie gehörte. Die Angehörigen versammelten sich vor der Pathologie und baten darum, dass einer von ihnen die Nacht bei dem Verstorbenen bleiben dürfte, um die Seele auf die Reise zu begleiten. Mein damaliger Chef hatte für derlei *Humbug* überhaupt kein Verständnis nd wurde richtig aggressiv, je mehr Verständnis wir anderen zeigten. Unser Sektionsgehilfe erklärte sich bereit, die Nacht in der Pathologie zu bleiben, sodass ein Angehöriger ebenfalls dort verweilen konnte, um die Seele des ihnen lieben Menschen zu begleiten.
Als ich am nächsten Morgen auf das Gelände der Pathologie fuhr, saß ein junger Mann der Familie auf der Grünfläche vor dem Gebäude in tiefer Meditation versunken. Von unserem Sektionsgehilfen erfuhr ich, dass das eine Art *letzte Stufe der Seelenbegleitung* war.

Der Tod ist für viele Menschen etwas Endgültiges. Doch ist es das wirklich?

Goodbye Mom

Die Zeit, als meine Mutter schwer krank war und im Sterben lag, war eine prägende Zeit für mich zu erkennen, dass eben nicht alle Wünsche erfüllt werden. Ich habe, als das finale Stadium, welches so überraschend kam, ihrer Erkrankung bekannt war, stundenlang alleine in der Kirche an unserem alten Wohnort gesessen und Zwiesprache mit *denen da oben* gehalten, habe sie gebeten, lieber mich zu holen und meinen Eltern, die immer für uns da waren, immer ein offenes Ohr hatten, geholfen haben, wie es ihnen nur möglich war, so vieles in ihrem Leben durchgemacht hatten, ihr eigenes Leben kaum leben konnten in der Zeit, als nicht nur mein Großvater, sondern auch meine Großmutter schwer erkrankten und von meinen Eltern bis zum Schluss gepflegt wurden, noch einige schöne gemeinsame Jahre zu schenken, in denen sie nur für sich da sein könnten. Ich war allein stehend, hatte keine Kinder, war der festen Überzeugung, dass mein Verlust, mein Weggang von der Erde nicht halb so betroffen machen würde wie der Weggang meiner Mutter.

Doch das Universum ließ nicht mit sich handeln.

Meine Mutter wurde zum Sterben nach Hause entlassen und erlag in der Nacht vom 20. auf den 21. Februar 2004 ihrem Leiden. Mein Vater, der seit Tagen und Nächten nicht mehr geschlafen hatte, nur noch ein Schatten seiner selbst war, war in der Nacht von mir zum Ausruhen weggeschickt worden, irgendwann sind ihm dann die Augen zugefallen. So war ich mit meiner Mutter allein, stand traurig und hilflos an ihrem Bett und konnte ihr in diesem Moment nichts weiter geben als einen Teil der Liebe, den sie mir all die Jahre entgegengebracht hatte. Als sie für immer ihre Augen schloss, ging ich kurz darauf zum Wohnzimmerfenster, denn auf einmal war die Erinnerung an die Sätze unseres Hausarztes wieder da.

Doch das Fenster ließ sich nicht öffnen. Der Hebel ließ sich zwar zur Seite schieben, aber das Fenster ging einfach nicht auf Kippstellung zu bringen.

Ich ging zurück zum Sterbebett meiner Mutter und sagte leise zu ihr, dass ich das Fenster nicht auf bekäme, ich es später tun würde.

In diesem Moment gab es ein merkwürdiges Geräusch, es war wie ein Plopp. Vielleicht ist Ihnen das Geräusch vertraut, wenn ein Vogel gegen eine Scheibe fliegt. So hat es sich angehört.

Doch kann ich Ihnen versichern, dass es sicherlich kein Vogel war. Denn es war Winter, mitten im Februar, nachts gegen 3 Uhr, stockdunkel, sehr kalt und vor den Fenstern hingen außerdem Gardinen.

Eine Gänsehaut lief mir über den Körper und etwas drängte mich erneut zum Fenster. Und dieses Mal ließ es sich so leicht wie niemals zuvor öffnen …

Meine wunderbare Mom
- 1 -

Mit meiner Mutter habe ich das erste Mal ganz bewusst erlebt, wie es ist, wenn jemand *von der anderen Seite* den Kontakt aufnimmt.

Die Zeit während ihres Versterbens, das ganze Drumherum war für mich eine Zeit des Funktionierens. Alle Gefühle hatte ich abgestellt, habe nur noch wie mechanisch gehandelt, mich um alles gekümmert – und erst Wochen später kam die ganz große Trauer, in dem Moment, wo alles geregelt war, ich wieder Zeit fand, zu mir zu finden und meinen Schmerz zuzulassen.

Meine Mutter hat schon zu ihren gesunden Zeiten immer eine ganz klare Vorstellung gehabt, wie ihre Trauerfeier einmal sein sollte, wenn sie von uns gehen müsste. Bis zuletzt hat sie an dieser Vorstellung festgehalten und ich habe ihr noch auf dem Sterbebett versichern müssen, dass ich alles so mache, wie sie es sich wünschte.
Ich habe dieses Versprechen auch gehalten, doch irgendwann war die Frage in mir, ob es <u>wirklich</u> alles so war, wie sie es wollte. Es war mir ein großes Bedürfnis, dass alles zu ihrer Zufriedenheit stattgefunden hatte. Aber wer sollte mir darauf die Antwort geben? Ich konnte niemanden fragen – außer meine Mutter selbst.

Doch statt sie zu fragen, gab ich nur traurige Gedanken *nach oben* mit der <u>Hoffnung</u>, dass alles so geschehen sei, wie sie es sich gewünscht hatte. Doch die Ungewissheit, diese unbeantwortete Frage ließ mich einfach nicht mehr los. Im Zuge der Trauer, die nun in mir ausbrach, gab es viele Nächte bitterer Tränen, bis ich irgendwann erschöpft einschlief – dieses Szenario wurde eines Nachts durch *ihr Erscheinen* beendet.

Ich wachte mitten in der Nacht auf, d.h.: ich spürte, dass ich wach war, aber ich konnte nicht wirklich die Augen öffnen. Das gesamte Schlafzimmer war von einem hellen Licht erfüllt, es war wie lichtvolle Nebelschwaden, das Licht war so grell, dass ich sofort die Augen wieder schloss. Gleichzeitig ging sehr viel Wärme von diesem Licht aus. Vorsichtig öffnete ich meine Augen.
Die stärkste Lichtquelle befand sich hinter mir und war durchzogen von leicht violetten Strahlen, die ihre letzten Ausläufer direkt über mir fanden, doch ich hatte nicht die Kraft, mich umzudrehen, gab dann diesen Gedanken auch auf und genoss nur dieses unendliche Gefühl von Licht, Wärme und tiefer Liebe.

Meine Mutter und ich konnten uns mental verständigen und sie erklärte mir ihren großen Dank, dass alles genau so gewesen sei, wie sie es sich vorgestellt hatte, dankte mir für mein Dasein und dass ich sie beim Sterben begleitet hätte, dankte mir, dass ich ihre Seele habe ziehen lassen und erklärte mir auch, dass sie sehr traurig sei beim Anblick meiner vielen Tränen und tiefen Traurigkeit. Wir beschlossen, dass das anders werden müsste, ich wieder leben solle, noch vieles auf mich warten täte, was wichtig sei, ich noch einige Aufgaben hätte und nun in dem Bewusstsein leben sollte, dass es ihr gut geht...

Mit dem, dass ich ihr zustimmte, wurde das Licht immer weniger und ich konnte spüren, wie sie wieder fort ging. Sie ließ mich zurück mit dem schönsten Gefühl der Dankbarkeit, welches ich je erlebt habe.

Nun: etwas *besprechen* ist eine Sache, es dann auch umzusetzen eine andere. Eingangs erwähnte ich, dass auch ich nur ein Mensch bin. Heute wie damals bin ich noch sehr gerührt von diesem Geschehen und die Erinnerung daran und an all das, was vorher passiert war, weckt wieder den Schmerz und löst die Tränen. Doch ist dieser Tränen auslösende Schmerz nicht auch ein Ausdruck dessen, dass man überhaupt ein Gefühl spürt und zulässt? Wenn das Leben doch aus Geben und Nehmen besteht, aus Buhrufen und tosendem Applaus, dann doch auch aus Lachen – und Weinen.

Ich akzeptiere all meine Gefühle, sie sind ein Teil meines <u>irdischen</u> Daseins, wie bei jedem von uns, und kein spirituell angehauchter Grundsatz der Welt könnte mir verbieten, derlei Emotionen zuzulassen...

Meine wunderbare Mom
- 2 -

Nach diesem ersten Erlebnis mit meiner Mutter ging es mir die nächsten Wochen bedeutend besser. Die Wochen und Monate strichen dahin, als wir unsere zweite Begegnung hatten. Dieses Mal allerdings nicht in Form von Licht, sondern mehr über eine Art Traum.

Ich träumte, dass ich auf meine Terrasse hinausging, weil draußen ein furchtbarer Krach auf meinem Grundstück war. Meine Terrasse war damals eingezäunt, damit mein Hovawart nicht das Weite suchte. So stand ich also da draußen und schaute über den Zaun und die Sträucher hinweg, was sich da in meinem Garten tat. Ein Minibagger stand auf der Rasenfläche und hob zwei Gräber aus. Ich wusste das nicht zuzuordnen. Plötzlich hing eine fast unheimliche Ruhe über dem Geschehen, aber noch mehr beunruhigte mich, dass ich mich nicht aufregte, immerhin wurde mein schöner Garten gerade zum Friedhof umgekrempelt! Dann rief jemand meinen Namen, ich drehte mich zur linken Seite – und da stand meine Mom.
Bei unserer ersten Begegnung konnte ich sie nicht sehen, dafür aber in diesem Moment. Sie sah so hübsch aus, keine Spuren ihrer Krankheit waren erkennbar, es war überhaupt nicht ersichtlich, dass sie jemals krank gewesen wäre. Im Gegenteil: Sie sah so aus wie einige Monate vor ihrer ersten Erkrankung, das war zum Zeitpunkt ihres Sterbens fast zehn Jahre her.

Sie stand links von meiner Terrasse an einer kleinen Pflanzenecke, in welcher ich Sträucher gesetzt hatte, welche sie mir einst als Geschenk brachte. Sie schaute mit so viel Freude auf die Pflanzen. Auf meinen fragenden Blick, was das in dem Garten solle, lächelte sie nur und nickte, als wolle sie mir sagen, es hätte alles seine Richtigkeit. Sie dreht sich dann noch zur Seite und ich schaute auf das Haus meines Vermieters. Doch von ein paar kleinen mir bekannten Zipperlein war dort niemand krank und auf einmal kam ein beklemmendes Gefühl in mir hoch: *Sie würden ja wohl nicht meinen Vater holen!* Meine Mutter schien meine Gedanken lesen zu können, denn sie schüttelte lächelnd den Kopf und schaute wieder zum Haus meines Vermieters.

Ich weiß nicht warum, aber ein innerer Antrieb brachte mich dazu, am nächsten Morgen auf die Situation und meinen Vermieter die Karten zu legen.

Ich weiß, dass es Kartenleger gibt, die behaupten, man könne im Kartenbild keinen Tod sehen. Nun: ich habe ihn dreimal gesehen und er ist jedes Mal eingetreten und ich kann Ihnen schwören, mir wäre nichts lieber, als ihn **nicht** zu sehen. Aber er ist ein Teil des Lebens, er bildet den Abschluss auf Erden.

Ich legte also auf meinen Vermieter und war erschrocken, denn die Karten sprachen eine eindeutige Sprache. Unwirsch schob ich die Karten zusammen und schalt mich, dass ich nun wohl völlig durchdrehe, das könnte überhaupt nicht sein. Meinen Vermieter sah ich mehrmals täglich und er machte nicht auf mich den Eindruck eines so schwer kranken Mannes, der bald gehen müsste.

Ich verdrängte diesen Gedanken, bis dann tatsächlicher Krach in meinem Garten mich einige Wochen später vor die Tür lockte. Ein von meinem Vermieter beauftragter Gärtner war gerade dabei, eine Tanne, die mit Bau des Hauses eingesetzt worden war, aus der Erde zu ziehen. Als er mich sah, kam er auf mich zu und erklärte: „Hallo, Frau Krüger. Herr XY hat mich beauftragt, die Tanne raus zu ziehen. Bei der Gelegenheit soll ich auch gleich noch die Buche stutzen, weil er beim Runterfahren von der Auffahrt immer nicht die Straße einsehen kann." Er erklärte noch im Vorbeigehen, dass mein Vermieter gerade im Krankenhaus läge, was ein misstrauisches Hochziehen meiner Augenbrauen zur Folge hatte, denn Ahnungen kamen in mir hoch.

Als mein Vater kurz darauf vorbeikam, erzählte ich ihm davon und fügte an: „Weiß gar nicht, was das mit der Buche soll, Herr XY kommt nicht wieder." So war es auch: mein Vermieter ist kurz darauf verstorben, er kam nicht mehr nach Hause. Sein Grab wurde symbolisch bei dem Haus ausgehoben, welches er so geliebt hatte; wir haben einige Male darüber gesprochen und diese Liebe zu diesem Haus haben wir geteilt.

Somit wusste ich nun, für wen dieses erste Grab war – für ihn. Für wen das andere Grab ausgehoben worden war, kann ich Ihnen nicht beantworten. Ich bin kurz darauf von dort weggezogen.

FEHLLIEFERUNG NACH SILVESTER

Es gibt zu Silvester ein wunderbares Wunschritual. Ich liebe es und mittlerweile hat es viele weitere begeisterte Anhänger gefunden.

Dafür braucht man einen kleinen Zettel, ein kleines Stückchen Klebefilm oder ein wenig Klebstoff und eine Rakete. Auf den Zettel schreibt man dann das, was man sich für das nächste Jahr wünscht, klebt diesen an die Rakete und um Punkt 0 Uhr ab damit ins Universum.

Aber VORSICHT !!!!!
Denn Sie bekommen, was Sie bestellen, doch muss es nicht perfekt sein (denken Sie an mein Auto und den Motorschaden!), wenn Sie nicht auf die Wahl Ihrer Worte achten.

Grundsätzlich empfehle ich hierbei, Benennungen zu unterlassen, wie z.B. „Ich möchte mit XY zusammen kommen". Damit sprechen Sie einen Befehl aus, ohne dem Universum die Möglichkeit zu geben, Ihnen vielleicht jemand anderen zu senden, der viel besser zu Ihnen passt, auch wenn Sie sich im Moment des Wunsches überhaupt nicht vorstellen können, dass es solch einen Menschen geben könnte. Versuchen Sie einfach, ein wenig Neutralität hineinzubringen, damit das Universum sich kümmern kann. Gleichwohl dürfen Sie aber das Drumherum gerne näher beschreiben, ich empfehle es Ihnen sogar dringend. Lesen und lachen Sie selbst ...

Da ich zu dem Zeitpunkt gerade ziemlich viel Stress mit einem Mann hatte, schrieb ich ungefähr sinngemäß auf meinen Silvesterzettel 2004/05: „Wenn ihr möchtet, dass XY und ich getrennte Wege gehen, dann soll es so sein. Doch bitte ich euch, mit diesem Mann dann auch meinen Kummer zu nehmen und meine Tränen zu trocken und mir natürlich im Gegenzug einen Mann zu senden, der zu mir passt." Das klang doch fein, kein verneinendes Wort drin, welches das Universum hätte streichen können, und ein Mann, der zu mir passt – damit sollte doch wohl alles gesagt sein, oder?! Fertig war Frau Krüger, schickte voller Vorfreude die Rakete ins Universum und ahnte beim Nippen am Sektglas nicht, dass sie schon sechs Wochen später den Salat haben würde.

Jener Mann kam in mein Leben, wir lernten uns übers Internet kennen, schon kurz darauf kam er mich besuchen und es hat sofort zwischen uns gefunkt. Von der ersten Sekunde an herrschte so viel Vertrautheit und Nähe zwischen uns, als hätten wir die letzten 30 Jahre gemeinsam verbracht.
Klingt toll, nicht wahr? Möchten Sie wissen, was daran falsch war? Okay. Ich verrate es Ihnen:

Punkt 1: Er wohnte über 500 km von mir entfernt.
Punkt 2: Er war verheiratet.

Und nun stellen Sie sich einmal vor, Sie sitzen im Theater, der Vorhang hebt sich und auf der Bühne steht Frau Krüger: mit verschränkten Armen vor der Brust, einen missmutigen Blick nach oben werfend, mit der linken Fußspitze auf den Boden wippend.

„Hey, ihr da oben. Könnt ihr mir mal sagen, was das soll?"

„Wieso? Was denn los?" Vorsichtig werden ein paar Wölkchen zur Seite geschoben und ein alter Archivar schaut müde herunter.

„Wie was denn los? Was habt ihr denn da gemacht? Das war eine glatte Fehllieferung!"

„Worum geht es denn?"

„Worum es geht?" Meine Stimme überschlägt sich fast. „Um meine Silvesterbestellung von 2004 auf 2005!"

„Moment bitte."

Der nach wie vor geduldige Archivar wendet sich von mir ab und kramt in einer Schublade mit zig tausenden kleiner Zettel. Oh je, wem hatte ich bloß alles dieses Ritual verraten? Kurz darauf hält er meinen in der Hand.

„Jutta Krüger? Silvester 2004 auf 2005?" Ein fragender Blick trifft mich.

„Genau die, genau der Zeitpunkt. Und? Was habt ihr zu eurer Entschuldigung zu sagen?"

„Hier steht: schickt mir einen Mann, der zu mir passt." Es klingt so selbstverständlich, der Arme weiß gar nicht, was ich von ihm will. Ich helfe ihm auf die Sprünge.

„Ja, eben, *der zu mir passt.* Und?"

„Wie und? Der passt doch zu dir!"

Ich drehe mit den Augen, hebe meine Arme theatralisch gen Himmel und seufze: „Aber er wohnt 500 km weiter weg und ist obendrein verheiratet!"

Der arme alte Archivar zieht die Augenbrauen hoch, liest noch einmal den Zettel und sagt: „Das mag schon sein. Du wolltest einen Mann, der zu dir passt. Von nahe bei dir wohnen und ungebunden sein steht hier nichts!" Schwups, Zettel im Kasten, Klappe zu, Wolken dicht – und ich allein auf der Erde mit meinem *verheirateten-und-ganz-weit-weg-wohnenden-Traumprinzen.*

Ja, ja, lachen Sie nur. Aber merken Sie sich eines:
Egal wie klein der Zettel an Ihrer nächsten Silvesterrakete ist, achten Sie ja auf die Formulierung! Am Besten fangen Sie Ostern schon an zu üben, damit Silvester ja nichts schief geht. In der Hektik zwischen Sektkorkenknallen und Böllerrauchschwaden kann man schon mal leicht was vergessen...

DER BEINAHE-UNFALL
POSITIVES DENKEN EINMAL ANDERS

Wir alle kennen das positive Denken in der Form, dass wir uns damit etwas herbeiwünschen oder etwas in unserem Leben manifestieren können. Denke positiv und alles wird gut – oder so ähnlich. Doch gibt es auch Situationen im Leben, da weiß man gar nicht, warum was passiert, ärgert sich maßlos darüber. So erging es auch einer Freundin von mir.

Sie erzählte mir, dass sie eben erst zu Hause angekommen sei, ihr würden die Knie noch schlottern, denn sie wäre gerade knapp einem Unfall entgangen. „Stell dir vor, dieser Idiot! Nimmt mir voll die Vorfahrt und ich wäre fast in ihn reingefahren! Nicht auszudenken, was alles hätte passieren können!"
Ich konnte ihre Wut und ihren Schrecken sehr gut verstehen und habe über diese Situation noch ein wenig nachgedacht, meinte dann: „Das wird seinen Grund gehabt haben."
Sie schaute mich verdrießlich an. „So, seinen Grund? Na den erklär mir mal!"

„Also schau einmal: Im Grunde genommen hat das Universum trotz allem aufgepasst. Stell dir einmal vor, nicht du wärst es gewesen an dieser Kreuzung, sondern jemand anderes, z.B. deine Tochter, die noch so wenig Fahrerfahrung hat oder jemand anderes. Dann wäre die Wahrscheinlichkeit, <u>dass</u> ein Unfall passiert wäre, ziemlich hoch. Stattdessen haben sie so einen alten erfahrenen Autofahrhasen wie dich geschickt – die aufgrund ihrer Erfahrung und eines guten Reaktionsvermögens einen Unfall verhindert hat."

Bei diesen Worten traf mich der erste kritische Blick, der aber langsam weicher wurde.

„Nun stellen wir uns weiter vor: dieser andere Autofahrer war ja genauso erschrocken wie du. Normalerweise ließe das jetzt den Schluss zu, dass er danach vorsichtiger weiter gefahren ist. Wenn jetzt aber dieser Schreckensmoment nicht gewesen wäre, in welchem du ja schutzengelgleich reagiert hast, und er weiter so gerast hätte, wäre doch weiterhin die Möglichkeit sehr groß, dass er ein paar Meter weiter womöglich einen schweren Unfall gebaut hätte. Und den hast du jetzt verhindert, indem die Engelchen dich dorthin geschickt haben, du rechtzeitig reagiert hast und niemandem etwas passiert ist."

Meine Freundin war ein wenig nachdenklich, doch musste sie zugeben, dass man es aus der Warte natürlich auch betrachten könnte.
Und bekommt jetzt dieser Beinaheunfall nicht gleich einen wunderbaren Charakter?

Aus:

„Ich wäre beinahe in einen Unfall verwickelt worden!"

wurde jetzt ein

„Ich habe einen Unfall verhindert!"

Es ist alles eine Frage der Sichtweise und bestätigt einmal mehr den Gedanken, dass keine Situation so negativ sein kann, dass nicht auch etwas Positives drin steckt.

Außerdem, aber das wissen Sie ja längst, bedeuten positive Gedanken = positive Gefühle = prima Laune!

Kleine Dinge werden sofort bestraft

Einige Zeit habe ich bei einer Freundin und ihren Mädels gewohnt und versucht, ihnen Einblick in die universellen Gesetzmäßigkeiten und Geschehnisse zu gewähren. Das war nicht immer leicht, ehrlich gesagt: manchmal ganz schön anstrengend, 100%ig hat es nie funktioniert, muss es auch nicht, es ist nicht jedermanns Welt. Ich mache es mir auch nicht zur Aufgabe, als Prophet durch die Gegend zu flitzen und allen vom *wunderbaren Universum* zu erzählen, jeder muss so seine eigenen Erfahrungen machen.

Meine Freundin war ein Mensch, der zwischen den Stühlen des positiven und negativen Denkens hing, immer stimmungsmäßig mal mehr auf der einen Sitzfläche Platz nahm und dann wieder auf der anderen. Meine Bemühungen, sie darauf hinzuweisen, dass für das Erfüllen von positiven Gedanken aber auch ein Glaube daran notwendig wäre, dieses Hin und Her *die da oben* ja ganz meschugge machen würde, die ja so gar nicht adäquat reagieren könnten, wurden mal mit Staunen und zweitägiger Konsequenz à la „Du hast Recht!" verfolgt, bevor sie dann wieder auf dem Stuhl des Zweiflers Platz nahm. Auch meine Hinweise, dass das Universum nichts vergisst, früher oder später eine Antwort kommt, wurden mal anerkannt und dann getreten.
An einem Samstagmorgen gab mir das Universum aber volle Schützenhilfe.

Meine Freundin und ich waren zusammen zum Einkaufen gefahren und gerade aus dem Auto gestiegen, als auf der gegenüberliegenden Straßenseite eine Hochzeitsgesellschaft vorbeifuhr, natürlich mit lautem Dosengeschepper und Hupkonzert. Während ich lächelnd herüberschaute und dem Brautpaar in Gedanken alles Gute für ihre Ehe wünschte, hob meine Freundin den rechten Arm und schimpfte laut „Die Scheidung wird teuer!" Erschrocken dreht ich mich zu ihr um und sie setzte dem Ganzen noch ein „Ist doch wahr!" hinterher.

Meine Freundin ist geschieden – so viel mal als Erklärung.

Ich zuckte nur die Schultern und zog mir einen der Einkaufswagen aus der Reihe, während ich ihr erklärte: „Du weißt ja, das Universum sieht und hört alles. Die Quittung lässt sicher nicht lange auf sich warten."

Sie ließ keine zwei Minuten auf sich warten.

Wir rein in den Supermarkt und erster Stopp bei den Getränkepaletten. Meine Freundin griff sich eines dieser Sechserpackungen kleiner Flaschen mit Apfelschorle – und schrie kurz darauf auf. Die Packung war ihr aus der Hand geglitten und direkt auf ihren Fuß gefallen.

Schon mein Opa Albert hat gesagt: „Kleine Sünden bestraft der liebe Gott sofort."

Das lass ich doch jetzt unkommentiert einfach mal so stehen.

UND DIE MORAL VON DER GESCHICHT'

Wer als Künstler in der Welt Fuß fassen möchte, weiß wie schwierig es ist, überhaupt einen Fuß in die Tür zu bekommen. Da hat man die tollste Stimme und keiner will sie hören, der Maler schwingt den Pinsel und malt die wunderschönsten Bilder, aber keiner will sie an die Wand hängen, der Autor schreibt in endlosen Stunden tagein tagaus Manuskripte und kein Verlag will sie haben. So ähnlich ging es mir auch eine Weile.

Ich fand dann einen Verlag, der an meinem Buch Interesse zeigte. Anfangs. Dann hörte ich lange Zeit nichts und ich brachte mich in Erinnerung. So nach 18 Monaten wäre eine Antwort ja mal nett, nicht wahr? Es ging dann eine Weile hin und her und auf einmal kam die Behauptung, mein Buch würde inhaltlich so sein wie eines, welches der Verlag bereits veröffentlicht hätte.

Zur Überprüfung sandte man mir jenes Buch zu – und es hätte nicht unterschiedlicher zu meinem Manuskript sein können. Darauf wies ich den Verlag hin und auch, dass ich noch ein anderes Buch geschrieben hätte (mein Kinder-Lenormand). Das wollte der Verlag sofort haben, doch ich lächelte nur und sagte: „Entweder beide oder keines."
Lustigerweise bekam ich dann eine Mail mit dem Inhalt, dass man sich mein erstes Buch noch einmal angesehen hätte und der Überzeugung sei, dass es gut in deren Programm passen und sich gut verkaufen lassen würde.

Ach ja? Auf einmal? Mein Misstrauen hätte mir eine Warnung sein sollen.

Gehen wir noch einen Schritt weiter. Ich habe ja noch ein Buch geschrieben zu den speziellen Lenormandkarten, auch dieses bot ich dem Verlag an. Zu diesen Karten gibt es nur sehr wenige Bücher auf dem Markt und sofort war der Verlag interessiert, bot mir für jedes Buch eine Fixsumme an (ich wollte die Rechte verkaufen) und sandte mir die Verträge zu. Wohl gemerkt: auch für das dritte angebotene Buch von mir, in welches der Verlag noch nicht einen Blick geworfen hatte.

Ich bekam dann die drei Verträge und dachte, ich spinne. Denn da hatte sich die Geschäftsführerin des Verlages mal eben als Co-Autorin eingetragen, obwohl sie nicht eine einzige Silbe mitgeschrieben hatte.

Ich muss dazu sagen, dass ich die Rechte an meinen Werken aus persönlichen Gründen abtreten wollte. Insofern wäre auch eine notarielle Beurkundung oder Beglaubigung noch vonnöten gewesen.

Nun, die drei Verträge kamen mit dem Eintrag einer Co-Autorenschaft. Damit konnte und wollte ich mich natürlich nicht einverstanden erklären. Ich habe die Verträge durch einen Anwalt prüfen lassen und der fragte mich, ob ich meine Bücher nicht gleich verschenken wolle, denn: zum einen müsste ich die Fixsumme mit der Co-Autorin (die gar keine war) teilen, zum anderen würden auch die trotz der Rechtübertragung netterweise gewährten Tantiemen noch zu 50 % an die Co-Autorin (die immer noch keine war) gehen, weiterhin würde diese aber als GF des Verlages ja auch schon an meinen Werken verdienen.

Darauf wies ich die gute Frau hin. Wir telefonierten noch einmal ausführlich. Sie erklärte mir dann, dass ihr Name ja nicht auf dem Cover stehen müsste, sondern im Impressum, „das macht es rechtlich einfacher". Nun ja – ob sie vorne, hinten oder mitten drin steht, ist egal. Fakt ist, dass sie als Co-Autorin Ansprüche auf meine Verdienste hätte und auch Mitspracherecht.
Letzten Endes waren wir uns dann zumindest per Telefongespräch einig, dass sie als Co-Autorin sich wieder heraus nimmt und sie mir neue Verträge zuschickt.
Statt der neuen Verträge kam aber am Montag ein Paket mit meinen Manuskripten und einem Anschreiben des Inhalts, „da Sie sich nicht einverstanden erklären konnten…".

Sicherlich brach in dem Moment eine kleine Welt in mir zusammen. Ich war so was von wütend auf diese Person, das teilte ich ihr auch mit und ich war kurz davor sie wegen Betruges anzuzeigen, was ich ihr in meiner Wut auch androhte.

Doch war so viel in meinem Leben geschehen, dass ich dazu weder die Kraft noch die Lust hatte. Außerdem lebte ich in dem tiefen Glauben und Vertrauen, dass sie dafür eines Tages bestraft werden würde und es einen Sinn hatte, dass aus diesen Verträgen nichts wurde.

Heute bin ich tief dankbar, **dass** aus den Verträgen **nichts** geworden ist, denn:

Einige Monate später bin ich auf eine Website gestoßen und habe die passenden Karten für mein *Mlle. Lenormand for Kids* gefunden. Sie sind so schön und haben zum damaligen Zeitpunkt sehr viel Inspiration in mir ausgelöst, sodass das *Kinder-Lenni* in seiner heutigen Form viel schöner ist als zu der Zeit, als ich es jenem Verlag angeboten hatte. Zeitgleich wurde mir berichtet, dass auch jener andere Verlag ein solches Buch schon planen würde – insofern war Eile geboten.
Die Möglichkeit über ein Print on Demand-Verfahren machte es mir dann möglich, dieses *Mlle. Lenormand for Kids* ohne große Kosten auf den Markt zu bringen, bevor ein anderer Verlag meine Idee so publizieren konnte.
Das war Streich 1 und Streich 2 folgte sogleich.

Zwischendurch bekam ich dann mit, dass der andere Verlag zu den speziellen Lenormandkarten auch ein Buch herausbringen wollte. Es wurde schon im Internetbuchhandel angeboten, war aber noch nicht erhältlich. Nun geriet ich in Zeitdruck.
Dem Universum sei Dank war es mir zwischenzeitlich gelungen, drei meiner Bücher fest unter Vertrag zu bekommen, zu deren Verlagsinhaberin von Anfang an ein herzliches und offenes Verhältnis bestand.
Ich erzählte ihr von dem, was vorgefallen war, und dass es mir schon daran gelegen wäre, dass das spezielle Kartenbuch bitte im ersten Halbjahr 2008 erscheinen möge. Das hatte verschiedene Gründe, auf die ich aber

aufgrund von Mutmaßungen hier nicht weiter eingehen möchte.

Nun: der Verlag stimmte zu und wir machten uns an die Arbeit. Dabei überschlugen sich plötzlich die Ereignisse:

Punkt 1)
Das angekündigte Buch vom anderen Verlag gab es auf einmal nicht mehr zu kaufen, sondern sollte erst ein halbes Jahr später herauskommen. Der universelle 2. Streich war vollzogen.

Punkt 2)
Während der Korrekturphase fiel mir auf, dass ich in meinem Buch gerne noch etwas mit eingefügt hätte. Es war nicht entscheidend für den Inhalt, aber wäre eine nette Ergänzung gewesen. Ich gab es ans Universum ab mit den Worten „Wenn ihr möchtet, dass das noch in die 1. Auflage mit reinkommt, werdet ihr einen Weg finden, ansonsten wird die 2. Auflage darum ergänzt."

Und das Universum fand einen Weg!
Ein paar Tage später klingelte nämlich mein Telefon und meine Verlegerin war dran. Sie erklärte mir, dass sie *so ein komisches Gefühl* hatte und mit der Dame, die mein Werk Korrektur lesen sollte, noch einmal telefoniert hätte. Dabei kam heraus, dass man plötzlich die Daten nicht mehr aufrufen konnte, die CD nicht mehr funktionstüchtig sei, immer eine Fehlermeldung käme. Sie hoffte, ich hätte die Daten noch und fragte an, ob ich ihr noch mal die Datei senden könnte.

Wissen Sie, was für ein Jubelschrei durch meine Wohnung gehallt ist? Streich Nr. 3 war erfüllt!
Und jetzt kommt das gesamte wunderbare Paket:

1) Mein Kinder-Lenormand ist viel schöner als zu jener Zeit, als ich es erstmals in Erwägung zog, und es ist veröffentlicht, bevor mir jemand zuvorkommen konnte.

2) Alle meine Bücher sind unter Vertrag, und zwar ohne Co-Autorenschaft.

3) Das spezielle Lenormandbuch kommt nun doch heraus, und zwar **vor** „dem anderen Verlag" und **mit** der klitzekleinen Ergänzung, die dem Leser kaum aufgefallen wäre, mir aber am Herzen lag.

Allein diese Erfahrungen, die ich während dieser ganzen Zeit machen musste, waren das reinste Überlebenstraining und die härteste Prüfung, ob ich wirklich an das glaubte, was ich täglich lebe.

Viele *rein irdische* Freunde und Bekannte haben in der Zeit nur Kopf schüttelnd sich abgewandt und nicht daran geglaubt, dass da noch einmal ein gutes Ende bei herauskommt. Immer wenn es schwierig wurde, haben viele mein Dasein, mein Leben als Lebensberaterin und Autorin in Frage stellt. Doch auch diese Erfahrung gehörte dazu, nämlich zu erkennen, wer **wirklich** an meiner Seite steht, auch in Zeiten, wo es mir nicht gut geht, oder wer sich einfach nur an meiner Seite sonnen will, mich ausnimmt, solang etwas bei mir zu holen ist, wer meine Arbeit anerkennt, solang sie nur gute Antworten bringt, sich aber abwendet, wenn es darum gilt, auch Negatives zuzulassen und zu bearbeiten.

Mein Glaube von „Das Universum sieht alles und wird für Gerechtigkeit sorgen" wurde nicht nur bestätigt, heute weiß ich auch, auf wen ich wirklich bauen kann und habe in der Zeit meinen Freundes- und Bekanntenkreis drastisch reduziert.

Allein die Erfahrungen in diesem Gesamtpaket sind für viele, die mich kennen und mir in der Zeit die Treue gehalten haben, und auch mich noch immer so unglaublich, dass wir, wann immer es mal wieder zur Sprache kommt oder anderen davon berichten, nur noch staunen, was alles tatsächlich möglich ist und wo auch die geistige Welt sich schützend in den Weg stellt. Im Moment der Stagnation ist man verzweifelt, doch nicht immer ist ein Stillstand schlecht. Lesen Sie sich ruhig diese Geschichte noch einmal durch, dann werden Sie erkennen, dass mir überhaupt nichts Besseres hat passieren können, als dass für eine ganze Weile scheinbar überhaupt nichts mehr vorwärts ging. In Wirklichkeit hat sich aber genau in dieser Zeit sehr viel getan, was nur nicht gleich offensichtlich war.

Und die Moral von der Geschicht':
Besch... das Universum nicht.

DAS PROBLEM MIT DEN POSITIVEN GEDANKEN, WÜNSCHEN UND AFFIRMATIONEN

Positives Denken, Wünsche ans Universum und Affirmationen sind etwas Wunderbares, haben aber ihre Tücken und so mancher wundert sich, dass bei all dem bei ihm nichts herauskommt. Das hat seinen Grund.

Nur positiv zu denken, nur Wünsche abzugeben und täglich seine Affirmationen herunterzubrabbeln reicht einfach nicht, zumindest dann nicht, wenn die innere Überzeugung nicht im Einklang mit all dem ist, Sie nicht <u>spüren</u>, was Sie sich wünschen, Sie nicht daran <u>glauben</u> was Sie denken und eine innere Stimme jede Ihrer Affirmationen mit einem *Gelogen!* zunichte macht.

Es ist die Symbiose zwischen Unterbewusstsein und Bewusstsein, zwischen Gedanke und Gefühl.

Wenn Ihr (positiver) Gedanke „Meine Arbeit geht mir leicht von der Hand und macht mir große Freude!" ist und Ihr Gefühl Ihnen aber bei dem Gedanken an die Arbeit schon ein Magendrücken verursacht, dann schütten Sie Wasser aufs Feuer.
Wenn Sie in Affirmationen ein „ICH BIN erfolgreich!" täglich rezitieren, aber die leise fiese Stimme Ihres Unterbewusstseins wie ein Giftzwerg ein „Gelogen, gelogen, gelogen!" losschießt, gießen Sie wiederum Wasser aufs Feuer und in beiden Fällen vernebelt beißender Qualm allerhöchstens die Sicht, doch geschehen wird nichts.

Lange Zeit begleitete ich eine Klientin, die sich nichts sehnlicher wünschte, als für ihre Familie und sich ein neues Zuhause zu finden, ein großes Haus, in welchem genügend Platz war für alle. Sie gab diesen Wunsch ab und vertraute darauf. Glauben wir ihr jetzt einfach mal, dass sie wirklich darauf vertraute. Aber trotz allem geschah lange Zeit überhaupt nichts.

Dann tauchte eines von vielen Problemen in der Familie auf, ihnen ging es wirklich nicht gut, sie hatten arge Schwierigkeiten zu bewältigen. In einem solcher Momente telefonierten wir und sie erzählte mir: „Gerade heute wünschte ich mir, in einer kleinen Hütte irgendwo allein im Wald zu leben, dass mich alle in Ruhe lassen. Ich brauche keinen Strom, kein Telefon, keinen Fernseher, möchte einfach nur allein sein und meine Ruhe haben." Ein trauriger Seufzer folgte.

Ich fragte sie, wie häufig sie diesen Gedanken hegen würde, und sie erwiderte, dass das in letzter Zeit ziemlich häufig sei.
Ich fragte sie, was denn aus ihrem Wunschhaus geworden sei, und sie sagte, dass sie das nach wie vor gerne haben möchte, das stünde ja wohl außer Frage.

Na ja – für mich stand das überhaupt nicht außer Frage.

Noch Lust auf eine Runde Theaterstück? Vorhang auf, es geht los:

Angela sitzt am Tisch und schreibt dem Universum einen Brief.

„Liebes Universum, ich wünsche mir für meine Familie und mich ein großes Haus, in welchem genügend Platz für uns sein soll, jeder sein eigenes Zimmer hat, ein Zuhause voller Harmonie und Glück..."

Es passiert eine kleine Weile nichts, doch da greift unser guter alter Archivar in seine Schublade und zieht Angelas Zettel heraus. Er runzelt kurz die Stirn, greift zum Hörer und lässt sich mit der himmlischen Bauabteilung verbinden.

„Hier der Archivar. Ich benötige ..." Er gibt den Auftrag an die universelle Baubehörde ab, setzt ein „Wiedervorlage in 6 Monaten" auf den Zettel und wendet sich seinem nächsten Fall zu.

Doch schon nach drei Wochen findet er einen neuen Zettel von Angela. „Ich wäre so gerne in einer kleinen Hütte im Wald..."

Er runzelt die Stirn, findet es zwar merkwürdig, aber gut – wenn die Dame es so möchte, an ihm soll es nicht liegen.

Erneuter Anruf bei der himmlischen Baubehörde: „Ihr könnt den Auftrag von Angela stornieren, sie hat es sich anders überlegt. Schaut einmal, ob ihr eine Bude irgendwo im Wald findet..."

Nächster Vermerk auf dem ersten Wunschzettel: Auftrag storniert, Frau ist von Wunsch zurückgetreten.

Der erste Wunschzettel landet in der Ablage.

Vermerk auf Wunschzettel 2: Baubehörde beauftragt, Hütte im Wald zu finden.

Keine zwei Wochen später ein neuer Wunschzettel: „Ich wünsche mir ..."

So geht das Spiel eine ganze Weile hin und her und der Archivar bekommt langsam die Krise auf seiner Wolke mit diesen ganzen Wunschzetteln einer einzigen Frau, die mal ein großes Haus und dann wieder eine Hütte im Wald haben möchte. Auch die himmlische Baubehörde hält ihn langsam für irre und hofft, dass sein Posten bald jemand anderes übernimmt, damit hier endlich eine klare Entscheidung getroffen wird. Doch Angela trifft diese klare Entscheidung nicht, stattdessen gehen in mehr oder weniger regelmäßigen Abständen zwei

Wünsche, wie sie unterschiedlicher nicht sein können, beim Universum ein.

Wir können dieses Theaterstück jetzt noch in endlos vielen Akten weiter spielen. Aber haben Sie gemerkt, worauf ich hinaus möchte?
Wie soll sich ein Wunsch verwirklichen, der vom Wünschenden ständig über den Haufen geworfen und verändert wird? Bestellen Sie mal beim Versandhaus einen Pullover und wenn er da ist, schicken Sie ihn zurück, weil Sie ihn nicht wollen. Dann rufen Sie an und sagen, dass Sie es sich anders überlegt hätten und den Pullover doch haben möchten. Aber als er da ist, packen Sie ihn gar nicht erst aus, sondern senden ihn wieder zurück. Was glauben Sie, wie lange das Versandhaus das mit sich machen lässt? Irgendwann käme kein Pullover mehr … entsprechend konnte bei Angela nicht das Haus kommen, welches sie sich so sehr wünschte.

Das Zusammenspiel von Bewusstsein und Unterbewusstsein hinzubekommen, ist anfangs sicherlich nicht einfach. Es ist eine Übungssache, doch wann immer Sie merken, dass das Unterbewusstsein gegen Ihr Bewusstsein steuert, haben Sie die Möglichkeit, einen Wunsch zu unterbrechen, neu zu formulieren, bis es sich gut anfühlt und eine Einheit bildet.

Ihr Unterbewusstsein speichert alle Gedanken von Ihnen, wirklich jeden einzelnen. Es sortiert dabei weder die guten noch die schlechten heraus und würde einem Wunsch aus Ihrem Bewusstsein auch niemals widersprechen. Darin liegt die Begründung, warum sich auch schlechte Dinge umsetzen.

Wenn Sie sich auf etwas Schlechtes konzentrieren, speichert Ihr Unterbewusstsein es und nimmt es als Befehl, es in die Realität umzusetzen, damit das Bewusstsein befriedigt wird, diesen Gedanken wahrnehmen kann, sieht, spürt, wie auch immer, er wird manifestiert – egal, ob es nun gut oder schlecht ist. Denn das Unterbewusstsein ist der kleine Angestellte vom Big Boss Bewusstsein und würde sich den Anordnungen seines Chefs nicht widersetzen.

Es ist wie das Zusammenspiel zwischen Kapitän und der Mannschaft im Maschinenraum. Der Kapitän gibt Befehl „Maschinen Volldampf voraus!" und die Männer im Maschinenraum geben Gas. Sie stellen nicht in Frage, ob es Sinn macht, die Maschinen auf Hochtouren laufen zu lassen, Sie prüfen nicht, ob da draußen womöglich ein Eisberg oder ein kreuzendes anderes Schiff ist, welches sie rammen könnten, sie handeln auf Befehl und verlassen sich darauf, dass die Anweisung seine Richtigkeit hat.

Wenn Sie jemandem die Augen verbinden, an den Start eines Labyrinths stellen und ihn zum Ziel bringen wollen durch Ihre Befehle „Vorwärts – Links – Rechts", dann wird sich Ihr Mitspieler allein auf Ihre Befehle verlassen und davon ausgehen, dass Sie alles richtig machen, ihn nicht gegen eine Seitenwand laufen lassen oder gar in eine Sackgasse führen. Er vertraut Ihnen im wahrsten Sinne des Wortes *blind*.

Genau so arbeiten Ihr Bewusstsein und Unterbewusstsein auch.

Wenn Sie also in Ihrem Bewusstsein sich etwas
wünschen, diesen Wunsch aber nur mit dem leisesten
Hauch eines Zweifels an das Unterbewusstsein abgeben,
kann er sich nicht erfüllen. Das Unterbewusstsein muss
glauben, dass das Bewusstsein wirklich will, was es
abgegeben hat.

Wenn Sie laut „Volldampf voraus!" schreien, aber die
leise Stimme in Ihnen diesen Befehl in Frage stellt, geht
auch dieses Zweifeln an Ihr Unterbewusstsein und wird
als unklar definierter Befehl nicht ausgeführt werden
können.

Bitte legen Sie die Hoffnung ab, dass sich alles sofort
erfüllen muss, spätestens aber in einer Woche. Selten
passiert es tatsächlich so – natürlich hängt es dabei auch
von dem jeweiligen Wunsch bzw. Gedanken ab.

Wenn Sie sich etwas wünschen, verharren Sie bitte nicht
in dem Irrglauben, dass Sie grundsätzlich nichts dafür
tun müssten. Nehmen wir an, Sie wünschen sich, reich
zu sein. Wahrscheinlich fixieren sich die meisten dann
auf den nächsten Lotto-Jackpot oder hoffen auf
unverhofftes Geld von irgendwoher. Doch kann dieses
Geld auch über ganz andere Wege zu Ihnen kommen,
indem Sie die Inspiration für eine kreative Idee erhalten,
die Ihnen, wenn Sie sie in die Tat umsetzen, viel Geld
bringen kann. Hier wäre also Ihr Zutun gefragt, um viel
Geld zu verdienen.

Wenn Sie sich eine harmonische Arbeitsplatzsituation wünschen, kann es passieren, dass ein Kollege von Ihnen versetzt wird, der z.B. das Betriebsklima gestört hat. Es kann aber auch ebenso gut passieren, dass Sie selbst versetzt werden an einen Platz, wo Sie diese Harmonie dann haben würden. Insofern läge Ihre Aufgabe darin, dieser Versetzung zu folgen, um Ihren Wunsch realisiert zu bekommen.

Egal, was wir uns wünschen: wir bekommen nichts, ohne nicht auch etwas dafür leisten zu müssen. Denn alles, was wir bekommen, ist eine Resonanz unserer Selbst, unserer Gedanken, unserer Mimik, unseres Handelns, unseres Daseins, ist die Antwort auf das, was wir bereit sind dafür zu geben.

Wir erhalten keine friedliche Atmosphäre, wenn wir selbst kratzbürstig und aggressiv sind.
Wir erhalten nicht viel Geld, wenn wir nichts dafür tun.
Wir erhalten nicht den tollen Job, wenn wir den Wegen, die uns geboten werden, nicht folgen.
Wir bekommen nicht unseren Traumpartner, wenn wir nicht vor die Tür gehen.
Wir können nicht unsere Traumwohnung beziehen, wenn wir sie uns nicht suchen, obwohl vielleicht schon zig Zeichen und Hinweise erfolgt sind, hier oder dort zu gucken. Das Universum kann uns das Penthouse nicht in den Briefkasten stecken!

Wir werden mit unseren positiven Gedanken, Wünschen und Affirmationen zu all den Wegen, die zu Traumpartner, Traumwohnung, Traumjob, finanzieller Sorglosigkeit, Glück, Frieden, Harmonie und Gesundheit führen, angeleitet, doch diese Anleitung lesen und umsetzen muss der Mensch allein.

Alles, was Sie bekommen, hat seinen Ursprung darin, dass Sie etwas dafür geleistet haben.

Erinnern Sie sich bitte zurück an meine wirklich Nerven aufreibende Story mit dem Verlag, welcher mich so hintergangen hatte. Glauben Sie, wenn ich in der darauf folgenden Zeit nicht weiter an meinem Erfolg gearbeitet hätte, dass dann auch nur ein einziges Buch von mir auf dem Markt wäre? Sicher nicht. Ich habe vertraut, dass ich das bekomme, was ich mir wünsche und habe daran weiter gearbeitet. Ich habe darauf vertraut, dass das Universum mir zur rechten Zeit ein Zeichen gibt, wenn es für mein *Mlle. Lenormand for Kids* soweit sein würde – und sie führten mich einige Zeit später auf jene Seite, wo ich die passenden Kartenmotive fand. Ich habe darauf vertraut, dass ich einen Verlag finde, der meine Bücher aus dem Bereich Kartomantie zu schätzen weiß. Sie haben mich zu diesem Verlag geführt, doch ansprechen musste ich diesen Verlag selbst – und ich habe den Autorenvertrag.

Sie sehen: auch mir wurde nichts geschenkt allein aufgrund meiner Wünsche oder Bestellungen oder Affirmationen. Drei Dinge gehören dazu:

Glaube – Vertrauen – Handeln!

SCHLUSSGEDANKEN

Liebe Leserinnen und Leser,

ich wünsche Ihnen, dass die niedergeschriebenen Erlebnisse Ihnen nicht nur Freude gemacht, sondern vielleicht auch ein wenig mehr Ihre Aufmerksamkeit geweckt haben. Genau jene ist es, die in unserer schnelllebigen Zeit mehr und mehr verloren geht: Aufmerksamkeit uns selbst gegenüber, aber auch unserer Umwelt, unseren Mitmenschen, bekannten wie unbekannten Leuten, egal ob ganz nah oder ganz fern.

Natürlich gibt es in der Esoterikbranche unendlich viele schwarze Schafe, natürlich ist nicht immer alles spirituell erklärbar, von mystischen Schatten angehaucht. Auch ich bin ein Mensch, der seinen Kaffee mit Wasser kocht und sich über die hohen Lebenshaltungskosten genauso ärgert wie manch anderer. Aber stellen Sie gewisse Möglichkeiten, Fähigkeiten bitte nicht immer gleich in Frage. Es gibt so viel, was wir nicht sehen und doch spüren können, so viel, was wir in unseren Träumen erleben, aber nicht sofort zuzuordnen wissen. *Die da oben* schauen genau, wem sie welche Verantwortung dabei zumuten können. Der eine hat Wahrnehmungen und kann Menschenleben retten, ein anderer hat Empfindungen, die dazu beitragen, Mörder aufzuspüren. Manche haben Visionen und sagen „Hey, vorsichtig, da passiert gleich …!" und andere wiederum können mit all dem überhaupt nichts anfangen. Wenn Sie spüren, wissen, merken, **dass** Sie *etwas* können – dann haben Sie keine Furcht davor, leugnen Sie es nicht. Sie müssen ja nicht gleich als Prophet durch die Gegend laufen und versuchen wollen, Ihre Umwelt von sich zu überzeugen. Das tue ich auch nicht. Ich bin wie ich bin, aber ich binde nicht jedem auf die Nase, was für Möglichkeiten ich habe. Wer meine Hilfe braucht, wird sie suchen und finden. Viele meiner Klienten wurden zu mir *geführt*, sie sind ins Vertrauen gegangen und in schweren Momenten ihres Lebens auf meine Website gelangt, haben mich kontaktiert und gemeinsam haben wir Lösungen ausgearbeitet. Manchmal ist die eigene Denkweise vor lauter Angst so vernebelt, dass man selbst keinen Ausweg sieht und keinen Weg aus dem Irrgarten findet. In solchen Momenten sind Menschen wie ich gerne für Sie da. Und wer weiß, welche Möglichkeiten in Ihnen schlummern, dass auch Sie für andere da sein können? Horchen Sie einmal in sich hinein.

Doch bei aller gebotenen Hilfe: verlieren Sie sich selbst und Ihr eigenständiges Leben bitte nicht aus den Augen!

Unser Leben ist trist geworden, traurig, viel zu unachtsam gehen wir miteinander um. Manchmal versterben Menschen einsam oder auch plötzlich in ihrer Wohnung und monatelang fragt sich keiner, wo denn der Nachbar XY geblieben ist. Kinder werden getötet, manchmal innerhalb einer Familie mehrere Säuglinge direkt hintereinander. Und ich frage mich dann immer: Ja, sieht das denn keiner? Das muss doch auffallen, wenn eine Frau fünfmal schwanger ist, ein Baby austrägt, aber nie ein Säugling auftaucht. Sind wir wirklich so blind geworden?

Lassen Sie uns alle wieder unsere Aufmerksamkeit wecken. Lassen Sie uns unsere Augen öffnen, damit wir das wahre Leben mit all seinen Facetten erkennen, auch das Verborgene. Lassen Sie uns unsere Ohren öffnen, damit wir den Schrei nach Hilfe hören. Haben Sie den Mut, den Kopf zu heben und aufmerksam zu schauen, wo etwas Un(ge)rechtes passiert. Haben Sie den Mut, NEIN zu sagen, **wenn** das Un(ge)rechte passiert.

Schauen Sie nicht weg, wenn jemand Hilfe braucht. Es müssen nicht immer die großen Hilfen sein, oftmals sind es die Kleinen des Alltags. Helfen Sie der alten Dame beim Tragen der Getränkekiste, lassen Sie den alten Herrn, dem das Stehen und Gehen ohnehin schon schwer fällt, einfach mal an der Kasse vor, lächeln Sie einem griesgrämig dreinschauenden Menschen zu und haben Sie ein wenig mehr Geduld, wenn andere nicht so schnell sind wie Sie es gerne hätten, wenden Sie sich einem weinenden Kind zu und trösten. Es gibt so viele Möglichkeiten.

Lächeln Sie und die Welt lächelt mit Ihnen. Vielleicht nicht sofort und auf der Stelle. Aber es kommt die Zeit, da lächelt man Ihnen zurück…

Machen Sie's gut.

Ihre Julla

Vieles kann,
aber nicht alles muss geschehen.

Meine Bücher

Mlle. Lenormand for Kids
Das BUCH über die bunte & spannende Welt der Karten

ISBN-13: 978-3-8370-1295-8
Verlag: Books on Demand GmbH, Norderstedt
VK: 14,95 € (ohne Karten)

Mlle. Lenormand: Die große Tafel 4 x 9
Spiegeln, Rösseln, Korrespondieren, Häuser: 8 reale Fälle aus meiner Praxis als Kartendeuterin

ISBN-13: 978-3-8370-1227-9
Verlag: Books on Demand GmbH, Norderstedt
VK: 13,90 € (ohne Karten)

7 Gutenacht-Geschichten aus dem Leben
von Oemmel & Boemmel

ISBN 978-3-8370-1349-8
Verlag: Books on Demand GmbH, Norderstedt
VK: 6,95 €

Weitere Werke zu

den kleinen Lenormandkarten,
den Grand Jeu de Mlle. Lenormand und
dem Rider-Waite-Tarot

sind in Kürze erhältlich.

Zeitpunkt, ISBN und Verlag finden Sie zu gegebener Zeit
auf meiner Website:

www.kruegerjut.de